독서를 하면 어떤 좋은 일이 생길까?

정재영 지음

차례

행복해진다   11

- 서로 사랑하는 가족이 행복함을 깨닫는다   12
- 6분 만에 스트레스가 사라진다   16
- 나누어도 기쁘다는 걸 깨우친다   21
- 느려도 행복하다는 걸 깨닫는다   24
- 함께 있어야 행복하다는 걸 알게 된다   28
- 욕심이 유령이고 귀신임을 깨닫는다   32
- 착한 마음이 나쁜 마음을 이기는 이유를 배운다   37
- 희망이 소중하다고 느끼게 된다   41

똑똑해진다 45

- 공감 능력을 높여 준다 46
- 기억력이 쑥쑥 향상된다 51
- 이유가 있는 논리적 주장을 할 수 있다 56
- 똑똑해져서 부모님을 감동시킬 수 있다 62
- 머릿속에 놀라운 그림이 그려진다 66
- 앞일을 내다보는 미래 예측 능력이 생긴다 70
- 상상력이 풍부해진다 75
- 어휘력을 쉽게 키울 수 있다 79

제3장

마음이 단단해진다 83

- 꿈꾸는 사람들을 만날 수 있다 84
- 남의 평가가 중요하지 않다는 걸 깨우친다 89
- 내일을 기대하는 낙관적인 마음이 생긴다 92
- 거짓말을 하지 않게 된다 95
- 나쁜 기분이 가시고 마음이 밝아진다 99
- 사랑하면 용기가 생긴다는 걸 배운다 102
- 자신을 부끄러워하지 않게 된다 106
- 훌륭한 어린이가 되는 비법을 발견한다 110

슬기로워진다　　　　　　　　　　　　　　117

- 나쁜 사람과 착한 사람을 구별할 수 있다　　118
- 나에게 딱 맞는 것을 찾게 된다　　122
- 마법 같은 사랑에 대해서 배운다　　127
- 모든 어린이가 큰 별이 될 수 있다는 걸 배운다　　131
- 소중한 것은 보이지 않는다는 걸 깨닫는다　　135
- 현명하게 약속하는 방법을 알게 된다　　138
- 외모가 아니라 마음을 보는 눈이 생긴다　　141
- 친구들을 미워하지 않고 이해할 수 있다　　145

작가의 말　　　　　　　　　　　　　　149

- 에필로그　　150

제1장

행복해진다

📖 서로 사랑하는 가족이 행복함을 깨닫는다

안데르센의 동화 〈성냥팔이 소녀〉에서 소녀는 왜 집으로 돌아가지 않았을까요?

눈이 쏟아지는 어두운 거리를 서성이던 소녀는 맨발이었어요. 발바닥과 발가락이 꽁꽁 얼어서 시리고 아팠을 게 분명해요. 얼음 조각을 잠깐만 쥐고 있어도 손이 얼얼한 걸 생각하면 소녀의 통증이 얼마나 심했을지 어렵지 않게 짐작할 수 있죠.

소녀는 밥을 제대로 먹지 못해서 걸을 힘조차 없었어요. 길거리 구석에 앉아서 성냥을 켰을 때 맛있는 음식이 눈앞에 나타나는 환상을 보며 소녀는 기뻤습니다. 얼마나 배가 고팠으면 헛것을 다 봤을까 생각하니 소녀가 너무 불쌍해요.

그렇게 춥고 배가 고팠는데도 소녀는 집으로 돌아가지 않았어요. 왜 그랬을까요? 이 이야기에는 두 가지 이유가 나옵니다.

우선 집이 길거리만큼 추웠기 때문입니다. 집이라고는 하지만 눈비를 막아주는 지붕만 있고 벽은 여기저기 뚫려 있어서 온기가 없었어요. 집 안이 바깥처럼 추웠기 때문에 소녀는 집 생각이 나지 않았던 거예요.

그런데 더 큰 이유가 있었어요. 바로 아버지 때문이에요. 아버지는 소녀에게 성냥을 팔아 돈을 벌어오도록 시켰어요. 하지만 그날 소녀는 성냥을 하나도 팔지 못했습니다. 아버지에게 드릴 돈이 전혀 없었으니까 집에 들어가면 매를 맞을 게 분명했어요. 아버지의 폭력이 무서워서 성냥팔이 소녀는 집에 돌아갈 수 없었죠.

아버지는 소녀를 사랑하지 않았어요. 집이 낡아서 춥더라도 가족이 서로 사랑했다면 소녀는 집으로 돌아갔을 테고 길에서 생명을 잃지 않았을 거예요. 그러니까 성냥팔이 소녀가 세상을 떠난 것은 추위 때문이 아니라 가족의 사랑이 없었기 때문입니다.

사랑 없는 가족은 어린이에게 고통을 줍니다. 무섭고 슬프게 만들죠. 성냥팔이 소녀의 아버지가 그랬던 것처럼 말이에요.

〈헨젤과 그레텔〉에서 두 아이를 숲속에 내다 버린 것은 괴물이나 마법사가 아니라 아빠와 새엄마였어요. 사랑이 부족한 가족은 어린이를 보호하지 않고 오히려 위험에 빠트립니다.

반대로 가족이 서로 사랑하는 마음은 행복을 가져옵니다. 〈늑대와 일곱 마리 아기 염소〉에서 늑대가 삼킨 아기 염소들이 구출된 것은 엄마의 사랑 덕분이었어요. 〈백조 왕자〉에서 오빠들을 저주에서 풀어준 것은 여동생의 사랑이었죠. 〈피노키오〉를 봐도 가족의 사랑은 힘이 세다는 걸 알 수 있어요. 말썽만 피우던 피노키오가 바른 아이로 변한 것은 제페토 할아버지의 사랑 때문에 가능했던 거예요.

서로 사랑하는 가족이 행복합니다. 책을 읽는 어린이는 그 사실을 배우게 돼요. 사랑이 클수록 가족의 행복도 커집니다.

그런데 어떻게 해야 가족이 서로 사랑하게 될까요?

먼저 감사하는 마음이 필요합니다. 엄마, 아빠, 할머니, 할아버지는 어린이들을 사랑으로 대해주시죠. 맛있는 음식도 만들어 주시고 용돈도 주십니다. 그보다 더 감사한 건 용기를 샘솟게 하는 칭찬의 말이에요. 또한 어린이들은 엄마 아빠에게 기쁨과 행복을 주죠. 정말 감사한 일이에요. 그렇게 서로 감사하면 가족 사이에 사랑이 커집니다.

가족의 사랑을 키우는 또 다른 길이 있어요. 바로 솔직한 대화예요. 가족 사이에 갈등이 있다면 속마음을 털어놓고 대화하는 게 좋아요. 예를 들어 볼까요?

그날 4학년 소율이는 부모님이 원망스러웠어요. 제 딴에는 할머니, 할아버지에게 인사를 잘하고 말도 성의 있게 했는데, 부모님은 예의가 없다고 나무라면서 낯을 붉혔거든요.

작은 일에 화를 내시는 부모님 때문에 소율이는 속상하고 눈물이 났습니다.

'우리 엄마 아빠는 왜 좀 더 너그럽지 않지? 부모님은 나를 미워하시는 걸까?'

소율이는 울면서 이런 생각까지 했어요.

여기서 소율이는 어떻게 해야 할까요? 혼자 울고 슬픔을 마음에 담아 두는 것은 좋지 않아요. 솔직하게 자기 마음을 말해야 합니다. 용기를 내서 자기 마음이 어떤지 털어놓으면 돼요. 진솔하게 대화하면 오해가 풀리고, 오해가 풀리면 미움은 사라지고 사랑이 자라게 됩니다.

사랑이 넘치는 가족은 행복합니다. 책에는 불행한 가족도, 행복한 가족도 등장해요. 서로 감사하면서 솔직하게 대화하면 가족은 행복해질 수 있어요.

📖 6분 만에 스트레스가 사라진다

책을 읽는 어린이는 스트레스를 이기지만, 책을 읽지 않는 어린이는 스트레스에 쉽게 지칩니다.

그런데 스트레스가 뭘까요?

사물에 비유하면 스트레스는 '마음을 누르는 돌덩어리'입니다. 큰 바위가 마음 위에 얹힌 듯이 답답하고 힘들면 스트레스를 받고 있는 거죠.

웬만해서는 괴로워하지 않는 곰돌이 푸나 피터 팬을 빼고 동화에 나오는 주인공들은 대부분 무거운 스트레스에 시달린답니다.

〈미녀와 야수〉 이야기를 예로 들어 볼까요?

여기서 미녀는 마음이 가벼울 수 없어요. 아버지 대신 야수의 성에 들어가야 하는데, 그 야수는 사람도 잡아먹는다는 무시무시한 괴물이에요. 한시도 마음을 놓을 수 없는 미녀는 괴로운 처지이죠. 커다란 돌덩어리가 가슴 위에 놓인 기분일 거예요.

야수는 야수대로 스트레스가 커요. 원래는 번듯한 외모였는데 지금은 괴물의 모습이에요. 게다가 진정한 사랑을 받지 못하면 곧 죽을 수도 있고요. 답답하고 다급한 마음일 테니까 야수도 괴롭죠.

그밖에도 작아진 몸으로 낯선 곳을 여행해야 했던 닐스, 부모님의 반대에 시달렸던 로미오와 줄리엣도 스트레스가 컸어요.

이야기의 주인공들만 그런 게 아니에요. 현실의 어린이들도 스트레스에 시달립니다. 스트레스의 원인은 아주 많은데 이를테면 이런 것들이에요.

- 일요일인데 아직 산더미처럼 쌓여 있는 숙제
- 나를 괴롭히면서 웃는 형의 얼굴
- 양보하지 않고 자기 욕심만 채우는 친구들
- 나를 야단치는 엄마 아빠의 성난 목소리

생각만 해도 마음이 무거워지죠. 가슴에 큰 돌덩이가 얹힌 기분이에요. 그것이 스트레스랍니다.

스트레스를 심하게 받는 어린이가 많은데 이것을 그냥 두면 건강이 나빠져요. 위장이 아프거나 배탈이 나죠. 아무리 맛있는 음식이 눈앞에 있어도 입맛이 없어요. 심하면 머리카락이 빠지기도 해요. 그렇게 스트레스는 무서운 존재예요.

이러한 스트레스에서 벗어나려면 어떻게 해야 할까요?

괴로운 문제를 적극적으로 해결해야 합니다. 지나치게 많은 숙제는 줄입니다. 괴롭히는 형에게는 그러지 말라고 부탁하거나 부모님께 도움을 청해요. 욕심 많은 친구나 야단을 많이 치는 부모님께는 솔직하게 마음을 전하면 문제를 해결할 수 있어요.

그런데 문제 해결에는 시간이 걸려요. 형이나 친구의 행동은 금방 바뀌지 않아요. 또 엄마 아빠가 부드러워지려고 노력해도 시간이 필요합니다.

그럼 어떡해야 하나요? 그때까지 스트레스를 꾹꾹 눌러 참아야 할까요?

아니에요. 다행히 당장 스트레스에서 벗어나는 좋은 방법이 있습니다. 아주 간단해요. 바로 책을 읽는 거예요. 스트레스 때문에 괴롭다면 재미있는 책을 골라서 6분만 읽어 보세요. 그러면 스트레스가 68% 정도 줄어들어요.[1]

스트레스의 68%가 사라진다는 게 무슨 뜻일까요? 친구나 언니 때문에 지금 스트레스를 심하게 받았다고 합시다. 이때 스트레스 수치는 100이라고 가정해 봐요. 그런데 6분만 책을 읽으면 68만큼 줄어들어 스트레스 수치가 32로 크

---

1. 2009년 영국 서식스 대학 마인드랩 인터내셔널의 데이비드 루이스(David Lewis) 박사가 발표한 연구 결과입니다.

게 낮아져요. 놀랄 만한 일이죠.

이런 신기한 일이 왜 일어날까요?

그건 책 속에는 스트레스 원인이 없기 때문이에요. 나를 괴롭히는 형이나 욕심 많은 친구가 책에는 없어요. 야단치는 엄마 아빠도 책까지 쫓아오실 수는 없죠.

책을 펴는 순간 스트레스와 나는 헤어지는 거예요. 책이 스트레스 없는 세상을 열어 줍니다.

물론 스트레스 해소에는 산책이나 친구들과 뛰어놀기도 좋아요. 그런데 비가 쏟아져서 산책하기 힘들다면 어떻게 해야 하나요? 친구들이 모두 집에 가고 없을 때는 또 어떡하죠?

그럴 때는 책을 펴면 됩니다. 스트레스를 금방 날려 버릴 수 있어요.

수많은 친구들이 책에서 우리를 기다립니다. 상상력이 풍부한 빨간 머리 앤, 티격태격하면서도 서로 깊이 사랑하는 자매 작은 아씨들, 마음이 맑은 알프스 소녀 하이디가 우리를 스트레스에서 구해 줍니다.

〈레 미제라블〉과 〈플랜더스의 개〉처럼 슬프지만 아름다운 이야기도 마음을 깨끗하게 만들어 주죠. 동물이나 역사 이야기책도 기분을 좋게 해줘요. 시험 삼아 딱 6분만 집중해서 읽어 보세요.

스트레스 때문에 마음이 괴로운 어린이를 책들이 기다립니다. 가장 중요한 것은 재미있는 책을 골라야 한다는 거예요. 신나는 이야기 속으로 빠져들면 마음속 돌덩어리가 눈 녹듯이 사라져 우리는 다시 행복해질 수 있어요.

📖 나누어도 기쁘다는 걸 깨우친다

주인공이 슬픔을 못 참고 엉엉 울면서 끝나는 동화는 거의 없어요. 동화의 결말은 대부분 행복하죠. 주인공이 기뻐서 활짝 웃으면서 막을 내리는 동화가 아주 많아요.

주인공들은 왜 행복해지는 걸까요?

대체로 소중한 것 세 가지를 얻기 때문에 행복해요. 높은 신분, 빼어난 외모, 큰돈 중에서 하나를 성취하는 주인공이 환하게 웃게 되죠.

표로 한번 정리해 볼게요.

높은 신분을 얻은 주인공	빼어난 외모를 얻은 주인공	큰돈을 얻은 주인공
왕자와 결혼한 신데렐라	백조가 된 아기 오리	콩나무를 타고 올라간 잭
왕자와 결혼한 엄지 공주	잘생긴 왕자가 된 야수	도둑들의 돈을 손에 넣은 알리바바
공주와 결혼한 알라딘	본래 모습을 되찾은 개구리 왕자	보물섬에 갔던 사람들

표에 소개한 주인공들은 신분, 외모, 부 세 가지 중에서 하나를 얻어서 행복해졌습니다. 신데렐라는 왕자와 결혼해

서 왕족 신분을 얻었어요. 미운 아기 오리는 백조의 아름다운 외모를 갖게 되었죠. 가난한 잭은 황금알을 낳는 닭을 얻어서 부자가 되었고요.

외모가 보기 좋아졌다면 축하할 일이에요. 또 열심히 노력해서 높은 지위와 부를 얻는 것도 훌륭해요. 행복한 동화의 주인공들은 모두 박수를 받아도 돼요.

그런데 정반대의 길을 가는 동화 주인공도 있어요. 그들은 소중한 것을 얻는 게 아니라 나누어 줌으로써 행복해집니다.

〈행복한 왕자〉에서 왕자가 그런 경우랍니다.

왕자는 한 도시의 높은 곳에 세워진 동상이었어요. 몸은 금으로 장식되고 칼에는 루비가 박혀 있으며 눈은 사파이어여서 무척 아름답죠. 그런데 왕자는 가난하고 병든 사람들을 내려다보면서 가슴이 아팠습니다. 그래서 제비에게 부탁해서 고통받는 사람들에게 자기 몸에 장식된 금, 루비, 사파이어를 가져다주게 했어요.

보석을 떼어 낸 후에 왕자의 외모는 보기 흉해졌어요. 그런 자신의 모습 때문에 왕자는 슬프지 않았을까요? 아니에요. 오히려 행복했어요. 자기 외모는 초라해졌지만 어려운 사람들을 도울 수 있었기 때문에 무척 기뻤답니다.

〈아낌없이 주는 나무〉에 등장하는 나무도 행복한 왕자를 닮았어요.

나무는 소년에게 자신이 가진 걸 모두 내어줍니다. 열매를 나눠주었고 스스로 희생해서 집과 배를 만드는 재료가 되었어요. 모든 걸 잃고 밑동만 남았지만 나무는 소년을 도울 수 있어서 행복했어요.

왕자와 나무의 마음은 숭고합니다. 아주 높고 아름다운 마음을 가진 그들은 나누면서 행복한 길을 택했어요. 그래서 이 감동적인 이야기를 읽은 독자는 알게 되죠. 소중한 것을 얻어도 행복하지만, 나누어도 행복할 수 있다고요. 행복은 하나가 아니라 여러 종류라는 걸 〈행복한 왕자〉와 〈아낌없이 주는 나무〉가 깨우쳐 줍니다.

📖 느려도 행복하다는 걸 깨닫는다

4학년 다연이는 어느 날의 기억을 떠올려 보는 중이에요. 다연이에게 엄마는 그날 가장 멋있었거든요.

몇 년 전 어느 따스한 봄날 저녁이었습니다. 엄마는 〈토끼와 거북이〉 이야기를 다연이에게 읽어 주고 나서 이렇게 말씀하셨어요.

엄마: 서두르지 않아도 돼. 느려도 괜찮아. 꾸준한 사람이 결국 행복해지니까.
다연: 정말이요?
엄마: 그럼! 책에서도 봤잖니. 토끼보다 거북이가 더 멋있잖아?

토끼처럼 빠르지 않아도 되고 거북이처럼 느려도 좋다는 말씀이었죠. 다연이는 얼마나 감사하고 기뻤는지 모릅니다. 평소에 동작이 느리다고 지적을 많이 받았는데 마음의 상처가 싹 낫는 기분이었어요.

그러나 봄날의 기쁨은 오래가지 않았습니다. 엄마가 느려도 된다고 이야기하신 건 그날뿐이었거든요. 다음 날부터 엄마는 '빨리빨리'를 입에 달고 사십니다.

"빨리빨리 준비해라. 학원 늦겠다."
"서둘러! 빨리 가방 챙겨라."
"네가 그렇게 미적거리니까 엄마가 너무 답답하다."

엄마는 다연이가 토끼처럼 빨리 행동해야만 기뻐하시나 봅니다.

다연이는 거북이가 너무나 부러워요. 자신도 거북이처럼 느리지만 꾸준하게 노력하는 아이가 되고 싶어요. 엄마가 자기를 믿고 기다려 주시면 좋겠습니다.

다연이는 잠자는 숲속의 공주도 부럽습니다. 공주는 100년 동안이나 잠을 잤어요. 서둘러 깨어날 이유가 없었던 공주는 실컷 느긋하게 숙면을 즐겼을 거예요.

공주와 달리 다연이는 잠이 부족할 때가 많아요. 전날 숙제하다가 늦게 잠들었어도 아침에 늦잠 자는 날에는 어김없이 야단을 맞습니다.

다연이는 느리고 느린 곰돌이 푸도 부러워요. 맙소사! 푸는 구멍에 몸이 끼었던 때도 절대 서두르지 않았다네요.

그날 곰돌이 푸는 토끼네 집에 놀러 갔어요. 집의 입구가 좁아서 몸이 낄 뻔했지만 겨우겨우 밀고 들어갈 수 있었습니다. 문제는 맛있는 음식을 실컷 먹고 나오다가 생깁니다. 불룩 나온 푸의 배가 구멍에 꽉 끼고 말았거든요!

다연이 엄마 같으면 어떻게 해서라도 곰돌이 푸를 당장 꺼냈을 거예요. 포클레인으로 구멍을 넓히거나 푸를 억지로 잡아당기는 등 무슨 수를 냈겠죠.

그런데 푸와 친구들은 달랐어요. 천천히 시간을 보냈습니다. 불룩한 배가 꺼지기까지 일주일 동안 푸는 구멍에 차분히 끼어 있었어요.

심심하지는 않았답니다. 친구 로빈이 매일 느긋하게 책을 읽어 주었기 때문이에요. 토끼는 공중에 뜬 푸의 뒷다리에 빨래를 널었어요. 덕분에 푸는 가만히 있으면서도 쓸모 있는 일을 할 수 있었어요.

시간이 지나고 풍선 같던 푸의 배가 드디어 홀쭉해졌어요. 탈출에 성공하자 숲속 친구들은 박수를 치며 환영했습니다.

다연이도 천천히 지내고 싶어요. 거북이처럼, 숲속의 공주처럼, 곰돌이 푸처럼 느리지만 행복하면 좋겠습니다. 책 속 주인공은 느려도 괜찮은데 책 밖의 사람들은 왜 다들 그렇게 서두를까요?

서두르면 마음이 급해집니다. 실수도 많이 하고요. 천천히 행동해야 실수도 적고 행복해요. 책을 조금만 읽어도 알 수 있는 걸 엄마는 왜 모를까요? 다연이는 느린 주인공들이 나오는 동화책을 다시 읽으시라고 엄마에게 말하기로 다짐합니다.

📖 함께 있어야 행복하다는 걸 알게 된다

여러분이 고아원에 산다고 한번 상상해 봅시다.

고아원에는 나를 돌봐 주는 분들이 있지만 수십 명의 아이들을 한꺼번에 도와야 해서 혼자만 사랑을 많이 받을 수 없어요. 부모님은 내가 원하는 반찬을 해 주시지만 고아원에는 학교 급식처럼 미리 정해진 메뉴가 있죠. 집에는 내 방이 있고 내 장난감과 내 책이 있지만, 고아원에서는 수십 명의 친구들과 나눠 써야 해요. 부모님은 나를 위해 무엇이든 다 희생할 수 있지만 고아원에서 그런 분을 만나기는 어렵습니다.

고아원에 살면 집보다 행복할까요?

〈빨간 머리 앤〉의 주인공 앤은 고아원에서 지내다가 열한 살 때 마릴라 아줌마와 매슈 아저씨네 집으로 입양됩니다. 두 사람은 부부가 아니라 남매예요.

그런데 입양 과정에 실수가 있었어요. 앤은 고아원에서 잘못 보낸 아이였거든요. 매슈 아저씨는 농사일을 도울 수 있는 남자아이를 원했는데, 뭔가 착오가 있어서 여자아이인 앤이 온 거였죠.

매슈 아저씨와 마릴라 아줌마는 앤을 돌려보낼까 고민

하다가 함께 살기로 결정했습니다.

앤의 출발은 좋지 않았어요. 입양부터 어긋났으니까요. 게다가 마을의 어떤 사람은 앤이 고아이기 때문에 믿어서는 안 된다고 말했죠. 또 자기주장이 분명한 앤을 두고 되바라졌다면서 싫어하는 사람도 있었어요.

출발이 삐걱거렸으나 앤이 계속 불행한 것은 아니었습니다. 오히려 누구 못지않게 행복해졌어요.

어떻게 그렇게 되었을까요? 앤이 책임감이 강하고 성실했기 때문입니다. 앤은 공부를 아주 열심히 해서 나중에 아이들을 가르치는 선생님이 되었어요.

하지만 앤이 혼자서 행복을 이룬 것은 아니에요. 앤을 도와주는 사람들이 많았답니다.

마릴라 아줌마와 매슈 아저씨는 앤을 가슴 깊이 사랑했고 진심으로 보살폈어요. 이웃 사람들은 고집 센 앤을 처음에는 꺼렸지만 점차 마음을 열었죠.

무엇보다 앤의 곁에는 친구들이 있었어요. 단짝인 다이애나 배리를 비롯해서 여러 친구가 앤이 불행하지 않도록 도와줬습니다.

가족, 이웃, 친구가 힘이 빠진 앤의 어깨를 다독였고 슬픔과 두려움을 이길 용기를 주었어요. 그들의 도움이 없었다면 앤은 행복할 수 없었을 거예요.

앤만 그런 게 아니에요. 모두가 다른 사람의 도움을 힘입어 행복해집니다. 이야기책 몇 가지만 살펴보아도 금방 알 수 있답니다.

잠자는 숲속의 공주에게는 생명을 잃지 않게 도운 요정이 있었어요. 해리 포터에게는 친구들과 교수님들이 있었고, 피터 팬에게는 웬디와 팅커 벨이 있었죠. 홀로 행복한 사람은 없다는 걸 책이 가르쳐 줍니다.

혼자서는 행복할 수 없어요. 누군가가 도와주기 때문에 우리는 행복해지는 것입니다. 그렇다면 나는 누가 도와주고 있을까요? 부모님, 친척, 선생님, 친구, 형제자매 덕분에 행복하죠.

아무도 없이 혼자라면 나는 어떻게 될까요? 행복할 수 있을까요?

4학년 채우는 지난달에 짐까지 싸놓고 무인도로 떠나려고 계획을 세웠어요. 배를 타고 무인도에 가면 혼내는 아빠도, 숙제 내주는 학원도, 속상하게 하는 동생과 반 아이들도 없을 테니 홀가분할 것 같았거든요.

그런데 〈로빈슨 크루소〉를 읽고 채우는 무인도로 떠나는 걸 포기했답니다.

로빈슨 크루소는 무인도에서 혼자여서 너무 힘들었어요. 재미도 없고 무섭고 쓸쓸했죠. 그는 혼자 있을 때보다 프라이데이라는 원주민과 함께 지내면서 더 행복했어요.

행복해지려면 다른 사람들이 꼭 필요합니다. 로빈슨 크루소와 앤도 그랬고 채우도 똑같을 거예요. 채우는 그 사실을 깨닫고 무인도로 가려던 마음을 접었어요. 아주 잘한 결정인 것 같습니다.

📖 욕심이 유령이고 귀신임을 깨닫는다

　모두가 행복한 크리스마스이브, 구두쇠 스크루지는 넓은 집에 혼자 앉아 있었습니다. 갑자기 "철커덩 철커덩"하고 쇠사슬이 땅에 끌리는 소리가 들리더니 곧이어 누군가 모습을 드러냈어요.

　귀신이 나타났어요! 몸에는 쇠사슬이 칭칭 감겨 있었고요. 얼굴에 두른 붕대를 풀었더니 턱이 가슴까지 툭 떨어졌어요. 보고 있으면 숨 막힐 정도로 무서운 유령이에요.

　그런데 자세히 보니 누군지 알 수 있었어요. 유령은 7년 전 죽은 스크루지의 옛 친구였답니다.

　친구는 왜 유령이 되어서 찾아왔을까요? 그 이유는 스크루지에게 착한 사람이 되라고 알려 주고 싶었기 때문이에요.

　스크루지는 마음이 차가운 사람이에요. 그에게는 세상을 떠난 여동생이 낳은 아들인 하나뿐인 조카가 있었어요. 그 조카가 식사에 초대해도 귀찮게 여기고 냉정하게 거절했어요. 가난한 사람을 돕자며 찾아오는 사람들도 내쫓아 버리죠. 자기 회사 직원이 추운 겨울에 벌벌 떨고 있어도 난방비가 아까워서 불을 때지 못하게 해요.

스크루지는 남이야 굶건 병들건 신경도 안 쓰는 냉정한 사람이에요. 그가 원하는 것은 단 하나! 바로 돈이에요. 더 많은 돈을 모으려고 안달이 난 스크루지는 천하의 욕심쟁이죠.

그러던 스크루지가 다른 사람이 됩니다. 무서운 유령 덕분에요.

유령과 함께 자신의 어린 시절로 돌아간 스크루지는 기억을 되살릴 수 있었어요. 책을 좋아했고 알리바바와 로빈슨 크루소를 사랑했던 착한 아이였던 그때가 떠오른 거예요.

한편 자신의 미래로 간 스크루지는 충격에 빠집니다. 자기가 죽었는데 아무도 슬퍼하는 사람이 없었기 때문이에요. 이대로 살다간 누구의 사랑도 받지 못하고 쓸쓸히 죽게 될 것이 분명하죠.

현실로 돌아온 스크루지는 깊이 반성하고 선한 행동을 시작했어요. 조카의 가족에게 선물을 보냈고, 회

> 사 직원의 병든 자녀가 치료를 받게 도와주었죠. 또 가난한 사람들을 위해 기부도 했어요.
>
> 　이제 스크루지에게 중요한 것은 돈이 아니라 사랑이었어요. 욕심을 버린 그는 착한 사람이 되었습니다. 욕심이 자신을 망쳤다는 걸 스크루지는 절실히 깨달았답니다.

　욕심은 지나치게 많이 원하는 마음이에요. 책 속에서는 욕심 때문에 불행해진 사람들을 자주 만나게 됩니다. 〈크리스마스 캐럴〉에 나오는 스크루지가 바로 불행한 욕심쟁이였죠.

　황금알을 낳는 거위를 기르던 사람들도 욕심이 많았어요. 매일 하나씩 황금알을 얻는 것으로 만족했다면 좋았을 텐데 욕심이 지나쳤지요. 한꺼번에 금을 거머쥐려고 거위의 배를 갈랐지만 그 속에는 황금알이 없었어요. 거위도 이미 죽고 말았고요.

　지나친 욕심이 모든 것을 앗아간 뒤에는 후회해 봤자 되돌릴 수 없습니다.

　그리스 신화에 나오는 최고의 욕심쟁이는 미다스 왕이에요. 그는 신으로부터 기적과 같은 능력을 얻습니다. 손으로 만지는 모든 게 하나하나 황금 덩어리로 변하죠. 책상을 만지면 황금 책상이 되고 포도를 손에 올리면 황금 포도로 변했으니 감격하지 않을 수 없었어요. 그런데 욕심이 큰 불행을 일으켰습니다. 사랑하는 딸을 안았더니 딸마저 황금 덩어리로 변한 거예요.

욕심만 채우려는 사람은 코끼리만큼 많이 먹는 개구리라고 할 수 있어요. 개구리의 배가 그 많은 밥을 견뎌낼 수 있을까요? 아니면 풍선처럼 터지고 말까요?

욕심을 부리면 불행해집니다. 그건 어린이들도 마찬가지예요.

여기에 이런 어린이가 있다고 한번 상상해 보세요. 친구의 마음을 무시하고 자기 마음만 중요한 어린이, 친구에게 기회를 주지 않고 혼자만 말하려는 어린이, 휴식 공간을 나누지 않고 자기만 편히 쉬려는 어린이 말이에요.

이 어린이들의 공통점이 뭘까요? 그래요. 모두 욕심쟁이죠. 친구들이 좋아할 리 없어요. 친구들과도 점점 멀어질 거예요.

책이 알려주는 것처럼, 지나친 욕심은 불행과 외로움을 불러옵니다. 바로 욕심이 자신을 괴롭히는 귀신이고 유령이에요. 그 나쁜 욕심을 버려야 우리는 더 행복할 수 있어요.

📖 착한 마음이 나쁜 마음을 이기는 이유를 배운다

가민이는 학원 시험 시간에 친구 한 명이 몰래 남의 답을 베껴 쓰는 걸 우연히 보게 되었습니다. 아주 나쁜 짓이죠. 그런데 그 아이가 정직한 가민이보다 높은 점수를 얻은 거예요. 가민이는 기분이 가라앉았어요. 나쁜 짓을 한 아이가 성적이 더 높다는 게 무척 화가 났습니다.

그 아이는 거짓말까지 잘하는데도 선생님은 그걸 모르고 걔를 좋아하십니다. 어째서 나쁜 마음을 가진 아이가 더 사랑을 받을까요? 그걸 생각하면 속이 상해요.

그런데 너무 마음 쓸 것 없어요. 결국은 착한 마음이 이기기 때문입니다. 나쁜 마음은 잠깐이면 몰라도 끝까지 이길 수는 없답니다.

착한 마음은 이기고 나쁜 마음은 집니다. 이 중요한 진리를 책들이 알려 줍니다. 〈눈의 여왕〉의 주인공 게르다도 그 증인이에요.

게르다에게는 어릴 때부터 친했던 친구 카이가 있었습니다. 그런데 어느 날 카이가 사라졌어요. 눈의 여왕이 북쪽 나라로 카이를 납치해 간 거예요.

여왕의 성에 살게 된 카이는 게르다를 잊어버리고 말았습니다. 카이의 심장과 눈에 악마의 거울 조각이 박혔기 때문이죠. 그 거울 조각이 몸에 박히면 마음이 나빠져요. 다른 사람의 고통이나 슬픔은 거들떠보지 않습니다. 그뿐 아니라 사랑하는 사람도 까맣게 잊게 되죠.

게르다는 아주 착하지만 작고 어린 여자아이일 뿐이에요. 힘세고 사악한 눈의 여왕에게서 카이를 구하는 건 불가능할 것 같습니다. 하지만 게르다는 친구 카이를 도저히 포기할 수 없어서 홀로 집을 나섰어요.

길에 나선 게르다는 온갖 위험을 겪었습니다. 한번은 자신을 붙잡아 두려는 마녀에게서 탈출해야 했어요. 칼을 휘두르는 도둑들에게 붙잡히기도 했고요. 장갑과 신발도 없이 순록을 타고 눈 폭풍을 헤치며 달린 적도 있죠.

갖은 고생 끝에 게르다는 드디어 눈의 여왕이 세운 성에 도착합니다. 크고 넓은 성을 수많은 경비병들이 지키고 있었어요.

차가운 눈으로 만들어진 경비병들의 모습은 너무나 무서웠습니다. 어떤 것은 거대한 멧돼지나 곰을 닮았고 징그러운 뱀처럼 생긴 것도 있었죠.

경비병들이 폭풍처럼 게르다에게 달려들었지만 게르다를 이기지는 못했어요. 카이를 구하려는 게르다의 뜨거운 마음 앞에서 경비병들이 순식간에 녹아서 쓰러졌거든요.

성으로 들어간 게르다는 카이를 껴안고 눈물을 흘립니다. 눈물은 카이의 심장에 박혀 있던 거울 조각을 빼냈어요. 카이도 따라 울었는데 그 눈물이 눈 속의 거울 조각을 씻어냈지요.

이제 카이는 착한 아이로 되돌아왔습니다. 게르다와 카이는 고향으로 돌아와 다시 행복하게 지낼 수 있었답니다.

게르다의 착한 마음이 카이를 다시 착하게 만들었어요. 눈의 여왕의 나쁜 마음을 게르다의 착한 마음이 이겨낸 거예요.

다른 많은 이야기에서도 착한 마음이 이깁니다. 〈보물

섬〉에서는 착한 마음을 가진 사람들이 나쁜 해적들을 물리쳐요. 빨간 모자를 괴롭힌 늑대는 결국 벌을 받고요. 탐욕스러운 스크루지도 옛날의 착한 마음으로 돌아갔죠.

이야기뿐만이 아닙니다. 현실에서도 착한 마음이 나쁜 마음을 이겨요. 물론 나쁜 사람이 잠시 이길 수는 있어요. 가민이가 본 아이처럼 속이거나 거짓말하는 사람이 이익을 얻을 수도 있죠. 하지만 멀리 내다보면 착한 마음이 반드시 이긴답니다.

그 이유가 있어요. 대부분의 사람이 착하기 때문입니다. 아주 많은 사람이 사랑, 정직, 친절 같은 착한 마음을 소중하게 생각해요. 미움과 거짓말을 좋아하는 사람은 매우 적어요. 많은 사람과 적은 사람 중에서 누가 이길까요? 많은 사람이 이길 수밖에 없어요. 그래서 마음 착한 다수가 이기고 마음 나쁜 소수는 지는 거예요.

시험 시간에 올바르지 못한 행위를 한 어린이는 그것이 드러나면 큰 비난을 받습니다. 설사 들키지 않아도 문제예요. 부정행위를 반복하면 그것만 믿고 공부를 하지 않을 테고, 공부를 안 하면 머리가 텅 비어요. 이런 머리로는 아무것도 할 수 없죠. 결국 나쁜 짓 때문에 어떤 것도 못하는 초라한 사람이 되는 거예요. 이것이 진정한 패배입니다.

마음에는 냄새가 있어요. 착한 마음은 향기를 내고 나쁜 마음은 악취를 풍깁니다. 착한 마음을 가진 사람이 친구가 더 많고 더 사랑받고 더 행복합니다. 나쁜 마음을 가진 사람 앞에서는 누구나 코를 막고 고개를 돌려요. 나쁜 마음은 끝내 외롭고 패배하고 불행합니다.

그러니 걱정할 것 없어요. 착한 마음을 지키고 살면 더 멋있고 인기 있는 사람이 될 수 있습니다.

📖 희망이 소중하다고 느끼게 된다

다연이는 포기를 잘해요. 글쓰기 숙제가 막히면 연필을 탁 내려놓고 이렇게 혼잣말합니다.

"나는 안 돼. 글쓰기는 포기해야겠어."

한번은 엄마에게 화를 내지 않겠다고 결심해 놓고는 다음 날 짜증을 잔뜩 부렸어요. 후회가 몰려오자 자기 방에 들어간 다연이는 고개를 떨구고 이렇게 중얼거렸습니다.

"나는 안 돼. 희망이 없어. 난 너무나 나쁜 딸이야."

쉽게 포기하고 좌절하는 다연이를 누가 도와줄 수 있을까요? 여기에 안성맞춤인 동화 주인공들이 있습니다.

〈알라딘과 요술 램프〉에서 알라딘은 어느 날 모든 것을 잃었어요. 나쁜 마법사가 속임수를 써서 소중한 요술 램프를 가져갔거든요. 게다가 알라딘의 멋진 성을 자기 땅으로 옮기고 공주까지 데려가 버렸죠.

알라딘에게 있던 모든 것이 사라졌습니다. 램프도 집도 아내도 다 빼앗겼어요. 더군다나 상대 마법사는 힘이 세요. 이길 수 없을 것 같았어요.

하지만 알라딘은 포기하지 않았답니다. 희망을 마음에 품고 노력해서 결국 모든 것을 되찾았죠.

희망은 원하는 일이 이루어진다는 믿음이에요. 모든 게 잘될 거라는 생각이 희망입니다.

알라딘이 희망을 버렸다면 이렇게 혼잣말했을 거예요.

"나는 안 돼. 포기해야 해. 나에겐 희망이 없어."

그렇게 포기해 버렸다면 램프와 성과 공주를 되찾을 수 없었겠죠. 다행히 알라딘은 희망을 포기하지 않았고 그 덕분에 다시 행복해질 수 있었어요.

〈늑대와 일곱 마리 아기 염소〉에서 엄마 염소가 포기했다면 어땠을까요?

"늑대가 내 사랑하는 아이들을 다 잡아먹었다. 이제 끝이다. 희망은 없어."

엄마 염소가 이렇게 말하며 눈물만 흘렸다고 상상해 보세요. 그랬다면 결코 아기 염소들을 살릴 수 없었을 거예요.

엄마 염소는 희망을 버리지 않았습니다. 아기 염소들을 구할 수 있다는 믿음을 지켰기 때문에, 늑대의 배 속에서 아기 염소들을 구할 수 있었어요. 희망을 가져야 행복해질 수 있답니다.

다연이도 희망을 잃지 말아야 해요. 글을 잘 쓸 수 있다는 희망을 계속 간직하고 포기하지 않아야 글쓰기 실력이 자랍니다. 또 좋은 딸이 될 거라고 희망해야 엄마에게 화내는 일이 줄어들어요.

갇혀 지내던 탑을 떠나는 라푼젤은 희망을 품었어요. 탑의 바깥 세상에 행복과 기쁨이 있다고 믿은 까닭에, 라푼젤은 탑을 떠날 수 있었습니다. 〈눈의 여왕〉에서 게르다가 먼 여행을 떠난 것도 친구 카이를 구할 수 있다고 희망했기 때문이에요.

힘든 일이 많은 어린이들에게 동화의 주인공들이 속삭입니다.

"조금만 더 힘내! 희망을 버리지 않으면 곧 행복해질 수 있어."

제2장

똑똑해진다

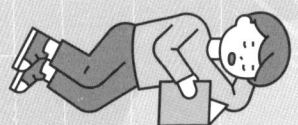

📖 공감 능력을 높여 준다

책을 읽는 어린이는 공감 능력이 높아요. 공감 능력이란 남의 마음을 내 마음처럼 느끼는 능력이에요. 친구가 슬퍼하면 나도 똑같이 슬픔을 느끼고, 친구가 뛸 듯이 기뻐하면 나도 기뻐할 수 있는 어린이는 공감 능력이 무척이나 높지요.

예를 들어 봅시다. 다음 대화에서 채우와 철민이 중 누가 공감 능력이 높을까요?

소율: 어제 엄마한테 야단맞았어. 난 잘못이 없는데 엄마가 막 화를 내시더라고. 엉엉 울고 말았지 뭐야.
채우: 그랬어? 너무 억울하고 속상했겠다. 나까지 마음이 안 좋다.
철민: 그런 일이 있었구나. 그런데 궁금해. 이번 내 생일에 우리 아빠는 무슨 선물을 사 주실까?

채우는 소율이와 비슷한 감정을 느꼈어요. 같이 속상하고 슬퍼했죠. 채우는 소율이의 감정을 자기 마음처럼 읽었어요. 다시 말해 채우는 공감 능력이 높은 어린이입니다.

철민이는 소율이와 감정이 정반대예요. 소율이는 슬픈

데 철민이는 선물 생각을 하면서 설렙니다. 소율이의 마음에는 비가 내리는데 마주 앉은 철민이의 마음은 화창하군요. 친구의 감정을 받아들이지 못하는 철민이는 공감 능력이 낮은 어린이예요.

공감 능력이 높은 사람은 이런 표현을 자주 씁니다.

"정말 그랬어? 네 마음을 알 것 같아."
"너의 슬픈 마음을 내가 위로하고 싶어."
"네가 기뻐하니까 나도 무척 행복해."

모두 친구의 마음을 모르면 할 수 없는 말들이에요. 그 마음을 느낀 후에야 나오는 말이니까 높은 공감 능력의 증거랍니다.

그런데 공감 능력이 높아서 뭐에 쓰냐고요? 공감 능력이 높으면 이득이 많아요.

첫째, 주위 사람들에게 인기가 높습니다.

누구나 자기 마음을 잘 이해하는 사람을 좋아해요. 공감 능력이 높은 어린이를 친구들이 좋아합니다. 사랑을 듬뿍 받고 인기도 높아져요.

둘째, 인기가 높아지면 행복합니다.

나를 좋아하는 사람이 많은 것만큼 기쁜 일이 어디 있겠어요? 하루하루 구름 위를 걷는 기분일 거예요.

셋째, 공감 능력이 높으면 남을 미워하지 않게 됩니다.

'쟤는 대체 왜 그러는지 이해를 못하겠어.'라는 생각이 들면 친구를 미워하기 쉬워요. 대신 '저 아이에게도 뭔가 이유가 있을 거야.' 하면서 친구의 마음을 이해하려고 노력하면 어떨까요? 친구가 밉지 않습니다. 모두 사이좋게 지낼 수 있어요.

넷째, 공감 능력이 높은 사람은 훌륭한 리더(지도자)가 될 수 있습니다.

이순신 장군은 부하들의 마음을 잘 이해했어요. 세종대왕은 한문을 읽지 못하는 백성들의 힘든 마음을 잘 알고 있었죠. 그래서 훌륭한 리더가 될 수 있었던 거예요.

공감 능력이 그렇게 좋은 거라면 어서 길러야겠네요. 방법이 뭐냐고요? 간단합니다. 책을 읽는 거예요. 특히 동화 같은 어린이 문학 작품이 도움됩니다. 왜 그런지 예를 살펴볼게요.

다음은 〈신데렐라〉에서 따온 글이에요.

신데렐라는 아침부터 밤까지 언니들과 새엄마가 시키는 일을 해야 했어요. 청소하고 물을 긷고 요리하느라 쉴 틈이 없었죠. 언니들은 자주 나쁜 일을 꾸며서 지칠 대로 지친 신데렐라를 괴롭혔어요. 아궁이에 콩 수천 개를 쏟아붓고는 하나하나 줍도록 시킨 적도 있었답니다. 또 새엄마는 신데렐라가 잠시만 쉬어도 "당장 일어나서 일하지 못해?"라며 소리치고 물건을 집어 던지기도 했어요.

　이런 글을 읽는 동안 독자의 마음에는 어떤 일이 일어날까요? 신데렐라와 똑같은 마음을 느끼게 됩니다. '신데렐라는 슬프고 괴로울 텐데.' 하며 글을 읽는 독자도 같은 감정을 느낄 거예요. 즉, 독자는 신데렐라의 마음에 공감하는 것입니다.

　책을 읽는 동안 우리는 주인공의 마음에 공감하게 됩니다. 책을 한 권 읽으면 주인공 한 명과, 백 권 읽으면 주인공 백 명과 공감하는 연습을 하게 되죠. 책을 많이 읽을수록 공감 능력이 높아지는 게 당연합니다.

　앞에서 말했듯이 공감 능력이 뛰어나면 이로운 점이 많

아요. 인기가 높아지고 사랑을 많이 받고 행복해지며 미움이 줄어들죠. 그리고 훌륭한 리더가 된답니다.

책 읽는 어린이는 수많은 마음을 느낍니다.

제페토 할아버지의 손을 잡고 상어 입에서 탈출한 피노키오의 기쁨을 알 수 있어요. 또 두꺼비에게 납치되는 엄지공주의 두려움을 함께 느끼죠. 램프에서 거대한 요정 지니가 나올 때 알라딘이 느꼈을 놀라움과 호기심이 독자의 마음에서도 피어납니다.

어린이들이 궁금할 만한 문제가 남아 있어요. 책 대신 텔레비전에 나오는 감동적인 드라마를 봐도 공감 능력을 키울 수 있지 않을까요?

당연히 이롭겠지만 상대적으로 도움이 적어요. 텔레비전은 사람의 감정을 자세히 묘사하기 어렵기 때문이에요. 예를 들어 미안하면서 화가 나는 마음이나 슬프면서도 기쁜 감정이 텔레비전에서는 잘 표현되지 않습니다. 그렇지만 책은 글로 되어 있으니까 사람의 마음을 아주 상세하게 설명해줄 수 있어요.

텔레비전보다는 책이 공감 능력을 더 많이 키워줍니다. 드라마를 만드는 연출자들도 자신의 자녀에게 텔레비전 말고 책을 보라고 권한답니다.

📖 기억력이 쑥쑥 향상된다

책을 읽으면 기억력이 좋아집니다. 읽은 내용을 머릿속에 간직하는 능력이 높아진다는 말이에요. 기억력이 좋아지면 공부하기도 생활하기도 편하죠. 그건 순발력 좋은 사람이 축구나 농구를 잘하는 것과 같은 이치예요.

책 읽기가 정말 기억력을 향상하냐고요? 믿기 어렵다니 몇 가지 문제를 내 볼게요.

다음은 기억력이 좋은 어린이가 풀 수 있는 문제입니다. 색깔을 나타내는 말에 주목하면서 문장을 읽어 보세요.

길 위에 강아지가 한 마리 있었는데 털이 하얀색이었다. 어느 순간 호랑이 한 마리가 숲에서 뛰쳐나와 풀밭 위에 누워 있던 회색 토끼를 뛰어넘어 빨간 여우를 끌어안았다.

문장에 나오는 색깔은 무엇인지 답해 봅시다.
'하얀색, 회색, 빨간색'이에요.
그러면 등장한 동물은 무엇인지 말해 보세요.
'강아지, 호랑이, 토끼, 여우'입니다.
이 두 가지를 다 맞힌 어린이는 기억력이 아주 뛰어난

것입니다. 잠깐 읽고도 어떻게 그걸 다 기억할 수 있을까요? 놀라울 뿐이에요.

집중해서 읽으면 기억할 수 있습니다. 이런 문장을 집중해서 자주 읽으면 어떨까요? 결국 기억하는 훈련을 반복하는 것이고 그에 따라 기억력이 좋아질 수밖에 없어요. 줄넘기 연습을 하면 줄넘기 실력이 향상되는 것처럼 말이죠.

이번에는 조금 더 긴 글을 읽어 봅시다. 다음은 〈오즈의 마법사〉 내용이에요.

주인공 도로시와 강아지 토토가 길을 걷고 있습니다. 토토는 까만 털이 복슬복슬하고 코가 재미있게 생긴 게 특징이에요.

(1) 둘은 길에서 짚으로 만든 허수아비를 만났어요. 허수아비는 말뚝이나 담장에 부딪혀도 아프지 않아요. 뇌가 없어서 통증을 느끼지 못하거든요. (2) 같은 이유 때문에 허수아비에게는 지혜도 없지요.

도로시, 토토, 허수아비가 길을 가는데 양철 나무꾼이 나타났어요. 양철 나무꾼은 마음이 없어서 사랑도 슬픔도 느낄 수 없답니다. 양철 나무꾼도 도로시와 함께 가기로 합니다.

마지막에 나타난 친구는 사자예요. 누구나 사자를 보면 무서워하지만 이 사자에게는 용기가 없어요. 작은 쥐를 보아도 두려워서 벌벌 떨죠.

이들은 모두 함께 오즈의 마법사를 만나러 가기로 했습니다.

얼마나 갔을까요? 갑자기 산처럼 커다란 괴물이 나타나서 소리를 질렀어요.

"너희들을 모두 잡아먹겠다!"

도로시와 친구들은 뿔뿔이 흩어져 달아났다가 한 시간 후에 다시 만났습니다. 그런데 토토만 모습이 보이지 않아요! (3) 넷은 함께 토토를 찾기 시작했어요.

형광펜으로 표시한 문장을 다시 한번 살펴보며 다음 질문에 답해 보세요.

(1) '둘'을 읽으면 머릿속에서 어떤 생각이 드나요?

둘이 누구인지 알고 싶어지죠. 앞 문장에 대한 기억을 떠올려서 답을 쉽게 말할 수 있어요. 둘은 도로시와 토토예요.

(2) '같은 이유'는 무엇을 말할까요?

'뇌가 없기 때문'이라고 답하려면 앞 문장을 기억해야 합니다.

(3) '넷'은 누구일까요?

도로시, 허수아비, 양철 나무꾼, 사자입니다. 답을 하려면 글의 내용에 대한 기억을 되살려야 해요.

모두 앞의 내용을 기억해야 답할 수 있는 문제입니다. 만일 이 문제를 풀었다면 기억력이 아주 뛰어난 어린이입니다. 누구나 그렇게 될 수 있어요. 책을 집중해서 읽는 동안 저절로 기억력 훈련을 하게 되거든요.

밥을 하루 세끼 맛있게 먹는 어린이와 하루에 한 끼만 겨우 먹는 어린이가 있다고 합시다. 누구의 위장이 더 건강할까요? 삼시 세끼를 먹는 어린이의 위가 튼튼할 게 분명해요.

책을 자주 읽는 어린이와 책을 읽지 않는 어린이가 있다고 해 봐요. 누구의 뇌가 건강하고 기억력이 더 좋을까요?

책을 자주 읽으면 기억력이 뛰어난 뇌를 갖게 됩니다. 조금씩 집중해서 읽는 것으로 충분해요. 하루에 30분이라도 집중하여 독서하는 어린이는 눈에 보이지 않을 뿐 매일매일 기억력이 향상돼요.

기억력을 좋게 만든 후에는 그 힘든 공부도 훨씬 쉬워진답니다. 이 얼마나 기쁜 소식인가요? 책 읽기가 어린이 여러분을 공부의 고통에서 구해 줄 거예요!

끝으로 독서를 통해서 기억력을 더 많이 향상하는 방법을 소개할게요.

첫째, 자신에게 재미있는 책을 읽는 게 무엇보다 중요합니다. 어린이들은 흥미로운 내용을 기억하고 싶어 해요. 재미있는 책을 많이 읽을수록 기억력이 향상돼요.

둘째, 대화가 기억력을 높입니다. 독서 감상문을 쓰는 것도 물론 훌륭하지만 대화로 대신할 수 있어요. 부모님이나 친구와 읽은 책에 대해서 이야기를 나누는 거예요. 대화 속에서 내가 몰랐던 사실을 깨닫습니다. 또 책의 내용과 의미를 더 오래 기억할 수 있어요. 대화하면 기억력이 쑥쑥 자랍니다. 독서 후 나누는 대화는 기억력이 자라는 온실과 같답니다.

📖 이유가 있는 논리적 주장을 할 수 있다

〈베니스의 상인〉은 세상에서 가장 유명한 작가가 쓴 작품이에요. 그는 바로 작가 중의 작가인 윌리엄 셰익스피어랍니다. 그런 까닭에 〈베니스의 상인〉은 어른뿐 아니라 어린이에게도 많이 읽힙니다.

여러분도 읽어 보았나요? 읽었어도 잊었을지 모르니까 그 흥미진진한 줄거리를 요약해 볼게요.

> 수백 년 전 부유한 도시 베니스에 샤일록이라는 탐욕스러운 고리대금업자가 있었어요. 가난한 사람들에게 돈을 빌려주고 높은 이자(고리)를 받는 그를 미워하지 않는 사람이 없었죠. 상인 안토니오도 샤일록을 미워하고 비난했어요.
>
> 어느 날 운명의 장난처럼 안토니오가 급한 사정이 생겨 샤일록에게서 돈을 빌리게 됩니다. 샤일록도 자신을 미워하는 안토니오를 아주 싫어했어요. 그래서 계략을 꾸밉니다.
>
> 샤일록은 안토니오에게 돈을 빌려주면서 이자는

받지 않고 원금만 받겠다고 제안했어요. 단, 무시무시한 조건을 달았어요. 정확히 약속한 날짜에 돈을 갚지 못하면 안토니오의 몸에서 살점 1파운드(약 450그램)를 떼어 갖겠다는 잔인한 계약서를 내민 거예요. 안토니오는 제날짜에 갚을 자신이 있었기 때문에 선뜻 동의했죠.

그런데 문제가 일어났어요. 예상치 못한 사고가 터지는 바람에 안토니오가 약속 날짜에 돈을 갚지 못하게 되었거든요.

안토니오는 정해진 날짜보다 늦었으니 원금의 몇 배라도 갚겠다고 제안했지만 샤일록이 거절합니다. 돈은 필요 없고 계약서대로 살점 1파운드를 갖겠다고 고집했어요. 샤일록이 노린 것은 돈이 아니라 안토니오의 목숨이었죠.

정말 계약서대로 이행해야 할까요? 안토니오와 샤일록의 논쟁은 재판으로 이어집니다. 어느 쪽 주장이 맞는지 판사의 판결을 받기로 한 거예요.

재판정에서 양쪽 의견이 오고 가던 중에 안토니오의 변호사가 마침내 결정적인 주장을 펴기에 이릅니다.

> "좋아요. 그러면 계약서대로 살점 1파운드를 떼어 가세요. 단, 피를 흘려도 된다는 내용은 계약서에 없습니다. 피가 한 방울이라도 나면 샤일록이 법적 처벌을 받아야 합니다."
>
> 샤일록은 당황했어요. 살점을 떼면서 피를 흘리지 않는 건 불가능해요. 그런데 피가 나면 자신이 계약 위반으로 큰 처벌을 받게 돼요.
>
> 고심 끝에 샤일록은 결국 고집을 꺾고 물러났습니다. 안토니오와 시민들은 환호성을 올렸어요.

〈베니스의 상인〉에서 변호사는 아주 훌륭한 일을 했어요. 사람들을 설득할 수 있는 논리적 주장을 생각해 내서 안토니오를 살렸습니다.

논리적 주장은 힘이 세요. 나의 주장을 상대가 받아들이게 만들죠.

그런데 논리적 주장이 뭘까요? 바로 '이유'가 있는 주장이에요. 왜 나의 주장을 따라야 하는지 이유가 있어야 논리적 주장이 된답니다. 다음 예를 살펴봅시다.

(1) 아빠! 용돈 좀 올려 주세요. 제발 부탁이에요.
(2) 아빠! 용돈 좀 올려 주세요. 왜냐하면 제가 나이도 먹었고 물가도 올라서 용돈이 더 필요하거든요.

어느 것이 논리적 주장인지 구분해 봅시다.

주장의 내용은 똑같아요. 용돈을 올려 달라는 것이죠. (1)에는 용돈을 올려야 할 이유가 없어요. 즉, 주장에 힘이 없습니다. 그런데 (2)에는 용돈 인상의 이유가 두 가지나 있어요. 나이를 먹었고 물가가 올랐기 때문이라고 했죠.

이유가 있으니까 (2)가 논리적 주장이며 아빠를 설득할 가능성이 높습니다.

이제 다른 예를 들어 볼게요.

(1) 엄마! 매일 꾸중하지 마세요. 절대 그러지 말아 주세요.
(2) 엄마! 매일 꾸중하지 마세요. 왜냐하면 꾸중 듣는 아이는 영혼에 평생 지울 수 없는 상처가 남기 때문이에요.

주장하는 내용은 같습니다. 매일같이 꾸중하지는 말아

달라는 것이죠. 그런데 (1)에는 이유가 없고 (2)에는 꾸중하지 말아야 할 이유가 있어요. 그러니 (2)가 논리적 주장이며 엄마 마음을 흔들 힘을 갖는 거예요.

다시 〈베니스의 상인〉으로 돌아가서 생각해 봅시다. 다음 중 어떤 주장이 논리적일까요?

> (1) 샤일록은 안토니오의 살점을 떼어 가서는 안 됩니다. 제발 그러지 마세요. 이렇게 무릎 꿇고 부탁드립니다.
> (2) 샤일록은 안토니오의 살점을 떼어 가서는 안 됩니다. 피를 한 방울이라도 흘리면 계약 위반이기 때문입니다.

(1)에는 이유가 없고 (2)에는 이유가 있어요. 즉, (2)가 논리적인 주장입니다. 논리적 주장이 샤일록을 꼼짝 못하게 만들고 안토니오를 구해냈죠.

〈베니스의 상인〉 말고 다른 동화에서도 논리적 주장을 펴는 방법을 배울 수 있습니다.

개구리 왕자는 약속을 어기려는 공주에게 이렇게 주장했어요.

"공주님은 나와 함께 밥을 먹고 같은 방에서 자야 합니다. 왜냐하면 약속을 했기 때문입니다."

부지런한 개미는 게으른 베짱이에게 이렇게 충고했죠.

"놀기만 하면 안 돼. 여름에 열심히 준비해 두어야 겨울을 따뜻하게 보낼 수 있거든."

양치기 소년에게 엄마가 있다고 생각해 볼까요? 엄마는 소년에게 아마도 이렇게 조언했을 거예요.

"거짓말을 하면 안 돼. 왜냐고? 계속 그러다간 사람들이 너의 참말마저 믿지 않을 테니까."

책을 읽으면 자기도 모르는 사이에 논리적으로 주장하는 법을 배우게 됩니다. 논리적 주장은 이유가 있는 주장이에요. 바꿔 말해 '왜냐하면'이 있다면 논리적 주장이 될 수 있어요. 책이 어린이의 논리력을 튼튼하게 만들어서, 용돈은 더 받고 꾸중은 덜 들게 도와줄 수 있을 거예요.

📖 똑똑해져서 부모님을 감동시킬 수 있다

여섯 살 때 가민이는 너무 솔직해서 아빠를 실망시킨 적이 있습니다. 가민이가 아빠와 소원에 대해서 이야기 나누고 있을 때였어요.

아빠: 가민아, 너는 소원이 뭐야?
가민: 말해도 괜찮아요?
아빠: 그럼! 뭐든 좋으니 마음 편하게 말해 보렴.
가민: 요술 램프에서 나오는 요정 지니가 내 아빠였으면 좋겠어요.
아빠: 뭐? 지니? 너는 이 아빠가 싫은 거야?

아빠는 무척 실망하고 슬픈 표정을 지었어요. 어린 가민이는 아빠 말씀대로 솔직하게 말한 걸 후회했어요.

그때 가민이 생각으로는 요술 램프의 요정 지니가 아빠라면 무슨 소원이든 들어줄 것 같았거든요. 먹고 싶은 것은 무엇이든 뚝딱 만들어지고, 파리와 뉴욕과 남극 등 어디든 매일매일 여행 갈 수 있을 게 분명했죠. 또 장난감이나 멋진 옷은 싫증이 나도록 살 수 있었을 거예요.

가민이는 엄마가 요정이면 좋겠다는 생각도 했어요. 마차도 만들어 주고 하늘도 날게 하는 요정 말이에요.

아빠가 지니이고 엄마가 요정이면 얼마나 좋을까요? 가민이는 그런 생각에서 헤어 나오지 못했어요. 지니가 아빠였으면 좋겠다는 말도 그때는 진심이었죠.

아빠가 충격에 휩싸인 그다음 날 엄마가 말씀하셨어요. 아마 준비를 많이 한 이야기였던 것 같아요.

"절대 비밀인데 솔직히 밝힐게. 아빠는 원래 지니였고 엄마는 요정이었어. 그런데 둘이 사랑에 빠지고 말았지. 엄마 아빠는 가민이 너처럼 예쁜 아이를 낳고 싶었단다. 그러기 위해서는 사람이 되어야 했어. 엄마 아빠는 후회하지 않아. 왜냐고? 너를 사랑하니까."

여섯 살 가민이는 그런 허술한 설명을 그대로 믿었어요. 그리고 엄마 아빠의 사랑에 진심으로 감사했죠. 두 번 다시 지니와 요정 이야기를 꺼내지 말아야겠다고 다짐도 했고요.

그런데 순간 아이디어가 머리를 스쳤어요. 최근에 읽은 그리스 로마 신화가 기억났거든요. 가민이는 엄마 아빠에게 이렇게 말했습니다.

가민: 그런데 이상해요.
엄마: 뭐가?
가민: 그리스 신화에서는 신들도 아이를 잘만 낳던데요.
아빠: 그게 무슨 말이냐?
가민: 제우스는 크로노스와 레아 사이에서 태어났어요. 제우스의 부모는 신이었어요. 제우스 자신도 신이면서 자식이 많았고요. 아르테미스, 아폴론, 헤르메스, 아테나, 아레스, 헤라클레스 등이죠.
자식이 100명이 넘는다는 이야기도 있던데요. 그러니까 신도 아이를 낳을 수 있다는 뜻이죠. 지니와 요정도 그랬을 것 같고요.

가민이의 이야기를 듣고 엄마 아빠는 입을 다물지 못했습니다. 거짓말이 들통나 부끄러워서가 아니었어요. 가민이의 지식 수준에 놀라서 감동한 것이었죠.

그 후로도 가민이는 부모님을 자주 감동시켰어요. 호모 사피엔스, 코페르니쿠스, 아르키메데스, 빈센트 반 고흐, 크리스토퍼 콜럼버스에 대해 가민이가 이야기할 때마다 부모님은 굉장히 감동하는 표정이었죠.

　책을 읽으면 지식이 늘어나고, 그러면 효도할 수 있어요. 부모님의 마음에 감동의 파도를 일으킬 수 있습니다. 독서는 어린이 본인에게도, 부모님에게도 좋은 일이에요.

📖 머릿속에 놀라운 그림이 그려진다

두 눈으로 책을 읽으면 마음은 화가가 됩니다. 글자 정보가 눈에 들어오면 마음이 붓을 들고 그림을 그리기 시작하죠. 정말일까요? 간단한 테스트만으로도 알 수 있어요.

다음은 〈오즈의 마법사〉의 구절을 옮긴 것입니다. 마법사 오즈는 귀부인으로 변신해 있었어요.

> 아름다운 귀부인이 에메랄드 왕좌에 앉아 있었어요. 초록색 비단옷을 입은 부인은 물결치는 초록색 머리카락 위에 보석 왕관을 썼습니다. 양쪽 어깨에는 예쁜 날개가 돋아 있었는데, 아주 가벼워서 바람이 조금만 불어도 나풀거렸죠.

이런 글을 읽으면 머릿속에 그림이 그려집니다. 보석 왕관을 썼고 어깨에 얇은 날개가 달린 귀부인 모습이 머릿속에 서서히 나타납니다. 마음이(정확히는 뇌가) 그린 그림이에요.

이번에는 괴물 그림을 그릴 차례예요. 귀부인이었던 마

법사 오즈는 끔찍한 괴물로도 변신했습니다.

> 그 괴물은 코끼리만큼 커서 앉아 있는 왕좌가 금방이라도 무너질 것만 같았습니다. 괴물의 머리는 코뿔소와 비슷했는데 눈이 무려 다섯 개여서 너무나 끔찍했죠. 몸에 붙어 있는 팔과 길고 긴 다리 역시 다섯 개였어요. 그보다 더 무서운 괴물을 상상하는 건 불가능할 거예요.

눈을 감으면 괴물의 모습이 떠오릅니다. 코끼리처럼 커다란 몸에다가 눈, 팔, 다리가 각각 다섯 개나 되는 흉측한 괴물이 눈앞에 그려집니다. 뇌가 글자를 그림(이미지)으로 바꾸니까 그렇게 되는 거예요.

책을 많이 읽으면 뇌의 그림 그리기 능력이 높아져요. '그림 그리기'를 조금 어려운 말로 '시각화'라고 해요. 즉, 독서가 시각화 능력을 키워 줍니다.

시각화 능력이 있으면 어떤 점이 좋을까요?

훨씬 즐겁고 기쁘게 살 수 있어요. 예를 들어서 탕수육이나 치킨 배달을 기다리면서 음식 먹는 상상을 해 보는 거예요. 바삭바삭한 탕수육을 달콤한 소스에 담갔다가 입안에 넣고 오물오물 씹는 모습을 그려 보세요. 맵고 짜고 달콤한 닭 다리를 뜯는 모습도 괜찮아요. 그렇게 머릿속에 그림을 그린 후에 배달 음식을 먹으면 몇 배는 더 맛있죠.

시각화는 흥분한 마음을 가라앉히기도 합니다.

마음이 너무 들뜨거나 화가 났을 때는 호수를 상상해 보세요. 호수의 수면이 거울처럼 잔잔하고, 나는 호숫가에 가만히 앉아 쉬고 있는 거예요. 그런 그림을 그리면 마음이 차분해집니다. 화가 사라지고 스트레스도 줄어들죠.

시각화는 미래의 꿈도 키워 줍니다.

로봇 공학자가 되고 싶은 어린이가 있다고 합시다. 미래에 자신이 만들 로봇을 상상하면 꿈이 더 굳건해집니다. 또 의사가 되고 싶은 어린이는 자신의 치료를 받고 건강해진 환자를 상상할 수도 있겠죠. 그러면 더욱더 의사가 되고 싶을 거예요.

책을 읽으면 머리로 그림을 그릴 수 있지만, 책을 읽지 않으면 머리로 그림을 그리기 어려워집니다.

그러면 그림이 가득한 만화책은 어떨까요? 그것도 도움이 됩니다. 세상에는 훌륭한 만화책도 많아요. 하지만 만화책과 글이 있는 책은 조금 달라요. 만화책을 보는 동안에는 작가가 그린 그림이 내 머리에 떠오릅니다. 반면 글이 있는 책을 읽을 때에는 내가 그린 그림이 내 머리에 떠오르는 거죠.

책을 읽어야 내가 머릿속 그림을 더 열심히 그립니다. 책은 시각화 능력을 키워 주는 좋은 친구예요.

📖 앞일을 내다보는 미래 예측 능력이 생긴다

깊은 겨울 숲속에 아기가 버려져 있었어요. 놔두면 얼어 죽거나 늑대의 먹이가 될지 모를 이 불쌍한 아기를 지나가던 나무꾼이 거두어 키웁니다.

10년 후 아이는 아름답게 자랐어요. 외모는 빼어났고 머리는 똑똑했으며 동네 사람들 사이에서 인기도 많았지요.

그런데 어느 날 아이의 어머니가 나타났어요. 왕비였던 어머니는 10년 전 숲에서 아이를 낳았는데, 쫓아오던 도둑들이 아이를 빼앗아 춥고 위험한 숲속에 버린 거예요. 어머니는 그 후 아이를 찾아 온 세상을 돌아다녔답니다.

난생처음 어머니를 만난 아이는 전혀 반가워하지 않았어요. 오히려 싫어하고 미워하는 마음이 표정에 드러났죠. 어머니는 걸인 행색이었거든요. 얼굴은 지저분하고 맨발에서는 피가 나고 옷은 다 해어져 있었어요.

아이는 어머니가 부끄러워서 이렇게 쏘아붙였습

니다.

"당신이 나의 엄마라고 해도 나를 찾아오지 말았어야 해요. 나는 당신이 너무나 창피해요. 이곳을 당장 떠나세요!"

어쩔 수 없이 떠나는 어머니가 제발 입이라도 맞춰달라고 눈물겹게 호소했지만, 아이는 말할 수 없이 냉정했어요.

"당신에게 입을 맞추라고요? 차라리 두꺼비와 뱀에게 입을 맞추겠어요."

오스카 와일드의 동화 〈별 아이〉에 나오는 내용입니다. 이런 글을 읽는 독자의 마음속에서 어떤 일이 일어날까요? 무엇보다 결과가 궁금하겠죠. 이 못된 아이가 나중에 어떻게 될까 알고 싶어지는 거예요.

'아이는 곧 후회하지 않을까? 하늘이 큰 벌을 내리지 않을까? 어머니의 용서를 받을까?'

이렇게 궁금할 수밖에 없어요. 그리고 이야기를 끝까지 읽으면 알 수 있죠. 아이는 갖은 고생 끝에 어머니를 찾아가서 진심으로 잘못을 빌고 용서를 받습니다.

이번에는 그림 형제의 〈여우와 고양이〉에 나오는 상황이에요.

> 여우가 고양이에게 물어봤습니다.
> "너는 할 줄 아는 게 뭐니?"
> "나무에 올라갈 수 있어."
> 여우는 비웃으면서 말했어요.
> "정말 하찮은 능력이구나. 겨우 그것밖에 못하다니 불쌍하다."
> 그때 사냥개들이 여우와 고양이에게로 달려왔어요.

이 글을 읽으면 누구나 결말을 예측하게 됩니다. 예측은 미래의 일을 미루어 생각해 보는 거예요.

'여우와 고양이는 어떻게 될까?'

고양이는 나무 위에 올라가서 안전하지만 여우는 사냥개들에게 잡히고 맙니다.

다음은 이상한 나라에서 목숨이 위태로웠던 앨리스의 이야기예요.

> 거대한 강아지가 나타났어요! 앨리스보다 열 배는 몸집이 크군요. 그 강아지가 앨리스를 향해 달려왔어요. 껴안고 같이 놀고 싶어서겠지만 앨리스는 잘못하면 깔려 죽을 수도 있어요. 어떡할까 고민하던 앨리스가 나무 막대기를 하나 집어 들었습니다.

'그다음에는 어떤 일이 벌어질까? 앨리스는 살아남을 수 있을까?'

위 이야기만 읽으면 저절로 예측하게 됩니다.

앨리스는 안전했어요. 막대기를 던지자 강아지는 막대기를 쫓아갔고 그 틈에 앨리스는 강아지로부터 몸을 피할 수 있었죠. 이걸 맞혔다면 예측 능력이 준수한 어린이예요.

책을 읽는 동안 우리의 뇌는 쉼 없이 예측을 합니다.

'그다음에 어떤 일이 생길까? 어떤 사람이 또 나타날까? 결말은 어떻게 마무리될까?'

이렇게 여러 질문을 던지면서 상상하죠. 그래서 책 읽는 동안 어린이의 예측 능력이 빠르게 높아지는 것입니다.

그러면 어떤 좋은 점이 있을까요?

예측 능력이 높아지면 예언자가 됩니다. 예를 들어서 실망한 친구가 어떤 말을 할지, 화난 아빠가 어떤 행동을 할지, 어떻게 말해야 엄마의 기분이 좋아질지 미리 알 수 있어요. 책 읽기가 어린이로 하여금 미래를 미리 아는 예언자로 만든답니다.

📖 상상력이 풍부해진다

책 읽는 어린이는 상상력이 풍부하고, 책을 안 읽는 어린이는 상상력이 부족합니다. 상상력이 뭘까요? 상상력은 현실에 없는 것을 마음속에 그리는 능력이에요.

아무거나 상상해 보세요. 여행하다가 배고플 때 뜯어 먹을 수 있는 자동차는 현실에 없습니다. 그렇지만 마음속에 그려볼 수는 있죠. 그게 상상이에요. 상상을 잘하면 상상력이 높은 것입니다.

다음 중에서 뛰어난 상상력은 어느 것인지 평가해 봅시다.

놀이터에서 친구들과 놀고 싶은데 모두 학원에 가거나 숙제하느라고 바빠요. 나 혼자 공원에 덩그러니 앉아 있으니 외롭습니다. 이럴 때는 저절로 상상을 하게 되죠.

첫째, 학원에 간 친구들이 갑자기 눈앞에 나타나서 떠들고 논다고 상상합니다.

둘째, 수천만 년 전에 사라진 공룡들이 놀이터에 나타나 나에게 인사하는 상상도 할 수 있어요.

셋째, 1년 전의 나, 3년 전의 나, 5년 전의 나와 만나서 넷이 함께 뛰어놀고 이야기하는 것도 상상할 수 있죠.

셋 중에서 가장 돋보이는 상상력을 골라 보세요. 물론

정답은 없습니다. 개인의 취향이에요. 제각기 마음에 드는 상상에 높은 점수를 주면 됩니다.

상상을 하면 뭐가 좋을까요?

우선 즐거워서 좋습니다. 풀 뜯어 먹는 자동차나 놀이터에서 뛰노는 공룡을 상상하면 웃음도 짓게 되죠. 만화나 텔레비전을 보지 않아도 기분이 좋아집니다. 이런 것이 상상력이 주는 즐거움이에요.

상상력은 그렇게 내 마음을 기쁘게 할 뿐 아니라 이 세상을 즐거운 곳으로 바꿉니다.

지금 누구나 좋아하는 스마트폰은 원래 세상에 없었어요. 누군가가 상상해 낸 물건이죠. 컴퓨터와 전화기를 손바닥만 하게 합치는 상상을 한 사람 덕분에 우리는 스마트폰을 쓰면서 재미있게 시간을 보내는 것입니다.

놀이공원도 옛날에는 없었어요. 그 많은 놀이 기구를 한군데 모아 놓는 걸 누군가 상상한 후에야 신나는 놀이공원이 생겼죠. 멀리 여행을 갈 때 타는 비행기도 상상에서 시작해 만든 거예요.

상상력은 우리의 입도 기쁘게 합니다. 파스타와 치킨도 원래 없던 걸 상상해서 만든 것이니까요. 눈과 귀도 상상력 덕분에 즐겁습니다. 새로운 음악, 미술, 패션은 상상력이 없으면 생겨날 수 없는 것들이죠.

상상력은 굉장해요. 상상력이 있어서 즐겁고 재미있고 신나는 세상이 됩니다.

그런데 상상력을 어떻게 키울 수 있을까요? 바로 책이 가장 큰 도움을 줄 수 있습니다. 동화 같은 어린이 문학 작품이 상상의 보물 창고예요.

예를 들어 걸리버는 손가락만 한 사람들이 사는 소인국에 갔다가, 10층 건물만 한 사람들이 사는 대인국에도 갔어요. 또 네발 달린 말이 사람의 말을 하고 사람은 말을 위해 일하는 세상도, 하늘을 떠다니는 도시도 방문했죠. 모두 실제로는 없는 곳이에요. 작가가 상상한 세상이죠. 그러니 〈걸리버 여행기〉를 읽는 어린이도 상상력이 쑥쑥 자라게 됩니다.

〈잭과 콩나무〉에 나오는 거대한 괴물, 황금알을 낳는 닭, 스스로 연주하는 하프도 전부 상상해서 만든 것들이에요. 투명 인간, 요정, 프랑켄슈타인, 인어, 백조로 변하는 왕자, 개구리가 된 왕자, 100년 동안 잠자는 공주, 머리카락이 10미터 정도 되는 공주도 전부 상상력이 만들어 냈죠.

〈나니아 연대기〉의 상상력도 굉장해요. 주인공들은 옷장을 통해 마법의 세계로 가서 말하는 동물들과 켄타우로

스와 거인을 만났어요.

〈해리 포터와 마법사의 돌〉에서는 벽 속으로 들어가야 마법학교행 열차를 탈 수 있습니다. 〈이상한 나라의 앨리스〉에서는 앨리스가 작은 토끼 굴로 들어가서 이상한 나라를 체험해요.

긴장하고 둘러보세요. 여러분 곁에 있는 옷장, 벽, 빈틈이 신비한 세계로 가는 입구일지 모르니까요.

솜씨가 뛰어난 요리사가 만든 음식을 먹으면 행복하고 몸이 튼튼해집니다. 상상력이 뛰어난 작가가 쓴 책을 읽으면 행복해지고 상상력이 쑥쑥 자라요.

📖 어휘력을 쉽게 키울 수 있다

책을 읽는 어린이는 어휘력이 풍부하고, 책을 안 읽는 어린이는 어휘력이 약합니다.

어휘력이 풍부하다는 건 어휘(낱말)를 많이 안다는 뜻이에요. 장난감 블록을 생각해 보세요. 블록이 많을수록 자동차, 로켓, 모나리자 그림 등 많은 걸 만들 수 있죠? 어휘도 똑같아요. 어휘를 많이 알수록 더 재미있고 정확하고 멋있는 말을 할 수 있답니다.

예를 들어서 어휘력이 평범한 어린이와 어휘력이 풍부한 어린이의 말은 이렇게 달라요.

어휘력이 평범한 어린이의 말	어휘력이 풍부한 어린이의 말
숙제를 다 했더니 기분이 좋다.	숙제를 다 했더니 홀가분하다.
칭찬을 받으니 기분이 좋다.	칭찬을 받으니 뿌듯하다.
밥을 많이 먹었더니 기분이 좋다.	밥을 많이 먹었더니 포만감이 든다.

어휘력이 평범한 어린이는 뭐든 "기분이 좋다"고만 표현합니다. 그런데 어휘력이 풍부한 어린이는 기분이 어떻게 좋은지 좀 더 섬세하게 구분해서 표현하죠.

누가 자기 마음을 정확히 표현하고 있나요? 좀 더 재미있게 말하는 어린이는 누구일까요? 생각해 보면 금방 알 수 있어요.

어휘력을 높이는 거의 유일한 길이 바로 독서입니다. 책에는 많은 어휘가 있으니까 어휘 공부를 도와줄 수 있어요. 그런데 책은 참 신기한 힘이 있습니다. 낱말 뜻을 아주 쉽게 가르쳐 주거든요. 사전을 찾아봐야 할 때도 있지만, 읽기만 하면 저절로 뜻을 알게 되는 경우가 더 많아요.

예를 살펴봅시다. 다음 이야기에서 콧방귀가 무슨 뜻일까요?

하이에나가 말했어요.
"나는 태어나서 한 번도 거짓말을 한 적이 없어."
그러자 동물 친구들이 하나같이 콧방귀를 뀌었습니다.

콧방귀는 코에서 공기가 갑자기 빠져나가는 소리예요. 이 말은 '불신하다', 그러니까 '믿지 않다'는 뜻을 표현할 때 많이 씁니다. 위 글을 읽으면 그 뜻을 쉽게 배울 수 있어요.

이번에는 '기진맥진'이 무슨 뜻인지 알아볼까요?

동물들은 하루 종일 길을 걸었기 때문에 저녁에는 모두

기진맥진하여 주저앉고 말았습니다.

　기진맥진은 '몹시 지치다'는 뜻이라는 걸 문장을 읽으면 쉽게 짐작할 수 있죠. 굳이 사전을 찾아보거나 부모님께 여쭤볼 필요도 없어요.
　이번에는 '기꺼이'의 뜻을 배워 볼까요?

　여우가 말했습니다.
　"호랑이를 혼내 주고 싶은데, 나를 도와줄 수 있겠니?"
　토끼가 대답했어요.
　"소중한 친구가 부탁하는 거니까, 내가 기꺼이 도와줄게."

　'기꺼이'가 '기쁘게'라는 뜻인 걸 어렵지 않게 알 수 있어요. 사전을 뒤질 필요 없이 책 속의 문장을 읽는 것만으로도 어려운 어휘를 배울 수 있습니다. 책을 읽는 동안 어휘력이 저절로 자란답니다.
　글이 많은 책을 읽는 어린이가 어휘력이 빨리 늘어나지요. 쓰이는 어휘가 적은 만화나 영화는 재미있긴 하지만 어휘력 향상에 큰 도움을 주지 못해요.
　책을 읽는 어린이가 더 많은 어휘를 더 쉽게 배울 수 있어요. 자기 마음이 홀가분한지, 뿌듯한지, 포만감이 드는지 정확하게 표현할 수 있습니다. 반면 책을 읽지 않으면 어휘력이 부족해서 뭐든 "좋다"고 단순하게 표현할 수밖에 없죠.

  신기하거나 재미있는 책을 골라 신나게 읽어 보세요. 머지않아 어휘력이 풍부한 어린이가 될 거예요.

제3장

마음이 단단해진다

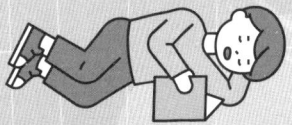

꿈꾸는 사람들을 만날 수 있다

4학년 다연이는 발표한 걸 후회했습니다. 발표 시간에 자신의 꿈을 솔직히 밝힌 게 문제였어요. 반 아이들은 콧방귀를 뀌거나 배를 잡고 웃었어요. 이룰 수 없는 황당무계한 꿈이라고 생각하는 게 분명했죠.

교실을 웃음바다로 만든 다연이의 꿈은 지구 대통령이 되는 것입니다. 한 나라의 대통령이 아니라 전 세계 80억 명을 대표하는 대통령이 되겠다는 거예요.

다연이는 지구 대통령 자리에 올라서 꼭 이루고 싶은 게 다섯 가지 있어요.

❶ 전 세계 모든 가정에 음식과 생필품을 원하는 만큼 매일 무료 배송하는 사이트를 만들 거예요. 모두가 맛있는 것을 실컷 먹고 필요한 물건을 다 가질 수 있어요.

❷ 과학자들과 힘을 합쳐 아무도 죽지 않는 세상을 만들 거예요. 적당히 먹고 운동만 하면 사람은 모두 병에 걸리지 않고 영원히 살 수 있게 됩니다. 인구가 2백억 명 정도로 늘어나서 지구가 감당할 수 없이 복잡해지

면 어떡하냐고요? 걱정할 것 하나도 없습니다. 사람이 살 수 있는 다른 행성으로 이주시키는 방법이 있어요.

❸ 어린이의 숙제를 대신하는 로봇을 만들 거예요. 그 로봇은 먹기 싫은 음식을 대신 먹어주거나 슬픔과 걱정을 대신 겪어 주는 기능도 있어요.
❹ 어른이 어린이를 절대 야단치지 않고 정중하게 부탁하도록 법을 만들 거예요. 예를 들어서 어른은 어린이에게 "떠들지 마!"라고 야단치지 못하는 대신 "목소리를 낮추면 고맙겠는데 혹시 부탁을 들어줄 수 있겠니?"라고 물어봐야 해요. 이 규칙을 어기면 지구 경찰이 비행차를 타고 즉시 출동합니다.
❺ 어린이를 속 시원하게 만드는 방귀와 트림이 완전히 허용되는 세상을 만들 거예요. 하지만 어른의 방귀와 트림은 엄격히 금지됩니다. 냄새가 너무 심하기 때문이에요.

많은 아이들이 깔깔깔 웃었고, 어떤 아이들은 웃지 않았는데 다들 생각은 같았을 거예요. 좋은 꿈이지만 절대 이룰 수 없다고 생각했겠죠.

발표가 있은 후 다연이에게는 별명이 생겼습니다. 친구들은 다연이를 '허풍 대통령'이라고 불렀어요. 또 '돈키호테'라는 별명도 붙었어요.

'돈키호테라고?'

그 별명만은 반가웠어요. 다연이는 돈키호테를 좋아하거든요. 돈키호테가 누구냐면 이상한 아저씨라고 생각하면 됩니다. 다연이처럼 허황된 꿈을 꾸는 사람이에요.

스페인 작가인 세르반테스가 쓴 소설 〈돈키호테〉의 주인공 돈키호테는 쉰 살이 넘은 귀족이지만 가난해서 땅이나 돈이 많지 않았어요. 몸도 마음도 아주 약한 편이에요. 그나마 정신은 멀쩡했는데 어느 날부터 헛것을 보기 시작했습니다. 기사(말을 타고 다니는 무사)가 괴물과 악당을 물리치는 책을 하도 많이 읽은 결과였죠.

돈키호테는 자신을 용감한 기사라고 믿었습니다. 또 자기만큼 마르고 쇠약한 말을 빠르고 힘센 명마라고 생각했어요. 그의 눈에는 자기 집에서 수십 년 동안 녹슬고 찌그러진 창과 방패가 번쩍번쩍 빛나는 무기로 보입니다. 그는 농부의 딸을 아름다운 공주로 여겼죠.

말을 타고 무기를 들고 들판에 나간 돈키호테는 어마어마하게 큰 괴물을 발견하고는 공격했다가 심한 부상을 입었어요. 그런데 그가 공격한 것은 사악한 괴물이 아니라 들판에 서 있는 평범한 풍차였답니다. 돈키호테는 환상을 본 거예요. 뿐만 아니라 그는 양치기를 공격했고 죄수를 풀어 줘서 경찰에 쫓기기도 했죠.

사람들은 돈키호테를 미친 사람으로 여겼지만 다연이는 이해할 수 있었어요. 돈키호테가 환상을 보고 엉뚱하게 행동한 것은 사실이지만 마음은 착했거든요. 약한 사람을 돕고 괴물로부터 세상을 지키고 싶은 좋은 마음을 갖고 있었던 것입니다. 마음씨가 착하고 본바탕은 선량하고 정의로운 사람이었어요. 남들은 이해 못하는 돈키호테가 다연이는 좋았습니다.

돈키호테가 꿈꾸는 사람인 것도 다연이는 마음에 들었어요. 사람이 죽지 않는 게 가능할까요? 또 모든 사람에게 공짜로 생필품을 줄 수 있을까요? 어른의 방귀가 금지되는 세상이 올까요? 어쩌면 다 불가능한 꿈이에요. 다연이도 알고 있습니다. 그래도 상상해 봅니다. 상상하다 보면 좀 더 좋은 일이 생기지 않을까요?

다연이는 꿈꾸는 사람들이 좋습니다.

제페토 할아버지는 나무를 깎아서 살아 움직이는 피노키오를 만들었고, 피노키오가 사람이 되는 꿈을 꿨어요.

〈왕자와 거지〉에서 거지 소년은 왕자가 되는 꿈을 오랫동안 간직했고 얼마 동안이라도 정말 왕자가 될 수 있었습니다.

뿐만 아니에요. 레오나르도 다빈치와 라이트 형제는 하늘을 나는 꿈이 있었어요. 안중근 의사는 조국의 독립을 꿈꿨습니다. 진심을 다하는 꿈은 현실이 됩니다.

꿈을 꾸는 건 좋은 일이에요. 돈키호테가 되어도 괜찮습니다. 아름답고 착한 꿈이라면 아주 크게 꾸어도 좋아요. 다연이는 책에서 꿈꾸는 사람들을 많이 만날 수 있어 행복하답니다.

📖 남의 평가가 중요하지 않다는 걸 깨우친다

〈백설 공주〉의 왕비는 왜 그렇게 나쁜 짓을 하게 되었을까요?

왕비가 아기 때부터 사람을 미워하고 이 사람 저 사람 닥치는 대로 물고 꼬집지는 않았을 거예요. 다른 아기들처럼 방긋 웃으면 견딜 수 없이 사랑스러웠을 게 틀림없어요. 그런데 어쩌다가 수단 방법을 가리지 않고 사람을 해치려는 악인이 되고 말았을까요?

다름 아닌 마법의 거울을 만난 게 원인이에요. 여러분도 잘 알듯이, 왕비는 거울에게 이렇게 묻습니다.

"거울아, 거울아, 이 세상에서 가장 예쁜 사람이 누구지?"

거울은 왕비의 성격을 잘 알면서도 눈치 없이 대답해서 결국 불행의 씨앗이 되고 말았어요.

"왕비님도 아름답지만, 백설 공주가 세상에서 가장 아름답습니다."

백설 공주가 더 예쁘다는 소리를 듣고 왕비는 성질이 폭발해서 나쁜 짓을 하게 됩니다. 사냥꾼을 시키거나 자기 손으로 직접 백설 공주를 해치려고 했어요.

그런데 이상한 점이 있어요. 왕비는 왜 거울의 말을 믿었을까요?

누가 예쁘고 안 예쁘고는 저마다 평가가 달라요. 왕비가 예쁘다고 답할 사람도 많았을 텐데 왜 거울의 말을 틀림없는 사실로 믿어 버렸을까요?

왕비는 거울의 말을 믿지 말았어야 해요. 그러면 대화가 달라졌을 거예요.

거울: 왕비님도 아름답지만, 백설 공주가 세상에서 가장 아름답습니다.

왕비: (1) 뭐라고? 나보다 백설 공주가 예쁘다고? 도저히 참을 수 없다.

(2) 그래? 거울 네 생각은 그렇구나. 하지만 내 생각에는 내가 더 예뻐.

이야기 속에서 왕비는 (1)처럼 반응했어요. 거울의 평가를 진실이라고 여긴 것입니다. 그래서 나쁜 짓을 하게 되었죠.

(2)처럼 반응하는 게 훨씬 좋습니다. 여기서 왕비는 거울의 말을 흘려듣습니다. 그렇게 거울의 나쁜 평가를 귀담아듣지 않았다면 더 좋았을 거예요. 왕비는 나쁜 사람이 되

지 않았을 테고, 백설 공주는 독이 든 사과를 먹고 쓰러지는 고생을 하지 않았겠죠.

기분 나쁜 평가는 귀에 담으면 안 돼요. 한 귀로 듣고 한 귀로 흘려버려야 해요. 왕비뿐만 아니라 우리도 그렇게 해야 합니다.

예를 들어 한 친구가 다음처럼 무례한 말을 했다고 합시다. "너는 그림을 잘 못 그리는 것 같아."

어떻게 답해야 할까요?

(1) 정말? 내가 다음에는 더 잘 그릴게.
(2) 네 마음에 들지 않는다니 안타깝다. 하지만 난 내 그림이 좋아.

(2)가 훨씬 낫습니다. 남의 평가를 너무 신경 쓰지 마세요. 그래야 우리 마음이 편안하고 행복합니다.

나를 평가하는 말은 삭제 대상이에요. 나의 외모, 말솜씨, 그림 실력, 옷차림을 무례하게 평가하는 말은 듣자마자 마음에서 지워 버려야 합니다. 이건 백설 공주를 해치려던 나쁘고 어리석은 왕비가 알려 주는 교훈이에요.

📖 내일을 기대하는 낙관적인 마음이 생긴다

하늘이 예쁜 황금색으로 변하는 어느 날 저녁 시간이었어요. 곰돌이 푸가 단짝 친구 피글렛과 다정하게 걷고 있었습니다.

피글렛이 재미있는 질문을 했어요.

"푸야, 너는 아침에 일어나면 가장 먼저 무슨 생각을 하니?"

"'오늘은 뭘 먹게 될까?'라고 생각해."

"그렇구나."

"피글렛 너는 무슨 생각을 하니?"

"'오늘은 무슨 신나는 일이 생길까?'라고 생각하지."

골똘히 생각에 잠긴 후 푸는 이렇게 말했어요.

"둘은 똑같은 생각이야."

푸와 피글렛이 하하하 웃으며 걸어갔습니다.

푸와 피글렛은 매일 아침 오늘은 맛있는 게 생기고 신나는 일도 일어날 거라고 믿는 친구들이에요.

즐거운 일이 생길 거라고 믿는 마음을 '낙관적 마음'이라고 합니다. 반대로 무섭고 슬픈 일이 일어날 거라고 생각하는 마음은 '비관적 마음'이에요.

푸와 피글렛은 낙관적인 마음을 가졌어요. 가끔 힘든 일도 있지만, 신나는 일이 더 많이 생길 거라고 믿으니까 둘은 낙관적이죠.

낙관적인 친구와 함께 있으면 나도 낙관적이게 돼요. 맛있는 음식과 멋있는 일을 함께 기대하면서 마음이 더 밝아집니다.

비관적인 사람은 옆 사람도 비관적이게 만들어요. 함께 무서운 일을 예상하면서 마음이 어두워지거든요.

책에는 푸와 피글렛처럼 낙관적인 친구들이 많아요.

예를 들어 피터 팬은 가끔 화도 내고 심통도 부리지만 대체로 낙관적이에요. 어린이들이 마음만 합치면 언제나 즐겁고 신나게 지낼 수 있다고 믿습니다. 피터 팬 이야기를 읽으면 기분이 좋은 건 피터 팬이 낙관적이기 때문이죠.

〈백조 왕자〉의 엘리자 공주도 낙관적이에요. 손이 무척 아팠지만 쐐기풀 옷을 만드는 걸 멈추지 않았던 엘리자 공주는 믿고 있었어요. 머지않아 옷 11벌을 만들 거고, 그러면 백조가 된 오빠들에게 걸린 저주를 풀 수 있다는 밝은 믿음을 가진 거죠.

장화 신은 고양이도 자신감이 넘치고 낙관적입니다. 또한 인어 공주가 지느러미와 목소리까지 포기할 수 있었던 것은, 사랑이 이루어질 거라고 낙관했기 때문이에요.

아무리 깜깜해도 마침내 태양은 떠오릅니다. 곰돌이 푸의 생각대로, 지금은 배가 고파도 곧 맛있는 음식을 실컷 먹게 될 거예요. 그렇게 밝게 내다보는 마음이 낙관적인 마음이에요. 다른 곳이 아니라 바로 책 속에 낙관적인 친구들이 많습니다.

📖 거짓말을 하지 않게 된다

책을 읽는 어린이는 거짓말이 하기 싫어집니다. 거짓말이 나쁘고 유치한 짓인 걸 알게 되기 때문이에요.

이야기에 들어가기 전에 먼저 거짓말의 종류를 알아볼까요? 거짓말은 크게 세 종류로 나뉩니다.

거짓말의 종류	예
(1) 남을 속여 이득을 얻는 거짓말	여우와 고양이가 피노키오를 속여서 금화를 훔쳤다.
(2) 남을 속여 놀리는 거짓말	양치기 소년은 늑대가 나타났다고 거짓말을 해서 마을 사람들을 놀렸다.
(3) 남이 무서워서 하는 거짓말	벌거벗은 임금님은 백성들이 어리석다고 생각할까 봐 무서워서 옷이 보인다고 거짓말했다.

남을 속여서 이득을 얻는 거짓말은 거짓말 중에서도 가장 나쁜 것입니다. 피노키오의 금화를 빼앗은 여우와 고양이가 그런 거짓말을 했어요.

둘은 금화를 땅에 묻어 놓으면 황금 열매 나무가 자란다고 거짓말을 했는데, 순진한 피노키오가 그 말을 믿어 버렸죠. 피노키오가 땅에 묻은 금화는 못된 여우와 고양이 차지가 되었고요.

〈피노키오〉를 읽은 어린이는 여우와 고양이가 얼마나 나쁜지 마음으로 느끼게 됩니다. 그래서 그런 거짓말을 하기 싫어져요.

거짓말로 남을 속여서 물건이나 돈을 빼앗는 건 아주 나쁜 짓이에요. 법의 처벌까지 받을 수 있죠. 그런 나쁜 거짓말은 절대로 하지 말아야 합니다.

거짓말의 두 번째 종류는 남을 속여서 놀리는 거짓말이에요. 양치기 소년의 "늑대가 나타났다!"가 그 유명한 예입니다.

양치기 소년은 마을 사람들의 물건을 노리고 거짓말한 게 아니에요. 장난을 치고 싶었을 뿐이죠. 그런데 이 거짓말은 마을 사람들에게 큰 피해를 입혔어요. 하던 일을 멈추고 산으로 달려왔는데 헛고생이었으니까요. 사람들은 시간도 힘도 낭비하고 말았죠.

양치기 소년도 손해가 컸어요. 마을 사람들의 믿음을 잃어버렸거든요. 이제 아무도 소년을 믿지 않을 게 분명해요.

양치기 소년 이야기를 읽은 어린이는 남을 놀리는 거짓말도 나쁘다는 걸 배웁니다. 그리고 그런 거짓말도 하지 말아야겠다고 마음을 먹게 되죠. 양치기 소년 이야기가 어린이들을 바르게 자라도록 돕습니다.

거짓말의 세 번째 종류는 남이 무서워서 하는 거짓말이에요.

벌거벗은 임금님은 왜 거짓말을 했을까요? 여우와 고양이처럼 이득을 얻으려고요? 아니에요. 그러면 양치기 소년처럼 남을 속여 놀리려고요? 역시 아닙니다. 남이 무서워서 거짓말을 한 거예요.

사기꾼은 임금님에게 말했습니다.

"이 옷이 눈에 보이지 않으면 어리석은 사람입니다."

임금님은 옷이 안 보인다고 말하면 신하와 백성들이 '임금님이 참 어리석다'고 생각할까 봐 무서웠어요. 그래서 옷이 보인다고 거짓말을 한 거죠.

임금님은 거짓말한 후에 마음이 얼마나 불편했을까요? 차라리 당당히 말하는 게 더 나았을 겁니다.

"내 눈에는 보이지 않는다. 나는 솔직한 사람이다."

이렇게 이야기했다면 벌거벗고 길거리를 다니며 창피 당하는 일은 없었을 테니까요.

현실의 어린이들도 남이 무서워서 거짓말할 때가 종종 있습니다. 어떤 어린이가 이런 거짓말을 했다고 합시다.

"우리 집에는 장난감과 책이 잔뜩 있고 맛있는 것도 아주 많아."

장난감과 책과 맛있는 음식이 많지 않다고 말하면 친구가 우습게 생각할까 봐 거짓말을 한 거예요. 벌거벗은 임금님이 했던 그 거짓말이죠.

가진 게 있으면 있다고, 없으면 없다고 말하면 돼요. 솔직하고 당당하게 진실을 말해야 내 마음이 편안해집니다. 어린이들은 〈벌거벗은 임금님〉을 읽으며 배웁니다. 남이 어떻게 생각할까 걱정돼서 하는 거짓말은 매우 괴롭다는 걸 말이에요.

책을 읽는 어린이는 거짓말을 멀리합니다. 남이 무서워서 하는 거짓말은 물론이고 남을 속이려는 거짓말도 아주 나쁘다는 걸 책에서 배우니까요. 독서가 어린이를 솔직하고 당당하게 만들어 줍니다.

📖 나쁜 기분이 가시고 마음이 밝아진다

어느 날 채우네 학교로 도둑들이 몰려왔어요! 무려 40명이나 되었지요. 도둑들은 채우가 "열려라 참깨"라는 암호를 알아내서 자기들의 보물을 다 훔쳐 갔다고 믿었어요.

이 교실 저 교실을 뒤지던 도둑들이 마침내 채우네 교실 문을 열었습니다. 그 순간 채우는 요술 램프를 문질러서 지니를 깨웠어요. 그리고 지니에게 도둑들을 남김없이 사막으로 보내 버리라고 명령했죠.

학교를 구한 채우는 영웅이 되었습니다. 친구들뿐 아니라 선생님까지 감격의 눈물을 흘리며 뜨거운 박수를 보냈어요.

아쉽게도 이 행복한 사건은 현실이 아니라 채우의 상상이에요.

그날 채우는 무척 외롭고 심심했어요. 친구들에게는 연락이 없고 가족들은 모두 바빴거든요. 혼자 방 안에 앉아서 쓸쓸한 기분을 느끼던 채우가 도둑과 지니에 대한 상상을 했던 거예요.

상상은 지니처럼 힘이 셌어요. 신기하게도 외롭고 심심한 기분이 싹 가시지 뭐예요?

그로부터 며칠이 지났어요. 채우와 동생이 놀다가 실랑이를 벌이게 되었죠. 그런데 동생에게 양보하지 않는다고 아빠가 야단을 치셨어요. 채우는 그게 너무 억울했어요. 채우의 생각에 동생은 너무 욕심쟁이예요. 뭐든지 자기 마음대로 하려고 하거든요. 그런데도 아빠는 동생 편만 들죠. 채우는 서럽고 슬펐어요.

그때 채우 머릿속에 떠오른 동화 주인공이 있었습니다. 혼자서 밥하고 청소하는 신데렐라의 얼굴이 눈에 보이는 듯했어요.

새엄마는 언니들을 편히 쉬게 하고 신데렐라만 일하라고 시켰어요. 신데렐라는 무척 서러웠을 것 같아요. 슬퍼서 눈물도 흘렸을 게 틀림없어요.

그런데 이때도 신비스러운 일이 일어났어요. 슬픈 신데렐라를 생각하는 사이 채우의 슬픔이 사라져 버린 거예요. 놀라운 일이죠. 채우는 신데렐라가 고마웠습니다.

외롭거나 슬플 때 웃기는 만화를 보면 마음이 밝아집니다. 텔레비전 예능 프로그램도 도움이 돼요. 그런데 외롭거나 슬픈 주인공이 나오는 동화를 읽어 보세요. 비슷한 처지의 친구에게 위로를 받는 느낌이 들어서 마음이 밝아져요. 마법 같은 일이에요.

두려울 때도 똑같아요. 주인공이 두려움을 겪는 동화를 읽으면 됩니다. 〈헨젤과 그레텔〉이나 〈보물섬〉 그리고 〈닐스의 신기한 모험〉도 좋아요.

닐스는 말썽쟁이였어요. 부모님 말은 죽어라 듣지 않았고 약한 동물과 작은 요정을 괴롭히는 걸 재미있어했죠. 그러다 결국 벌을 받고 말아요. 마법에 걸려서 몸집이 손가락 크기만큼 작아져 버렸답니다.

닐스는 거위를 타고 여행을 하게 됩니다. 편안한 집을 떠나 낯선 곳으로 떠돌면서 매일같이 너무 무서웠어요. 하지만 차츰 두려움을 이겨내는 닐스 이야기를 읽으면 독자 어린이의 마음속에서도 두려움이 사라집니다. 힘이 나고 다시 씩씩해질 수 있어요.

동화 주인공들은 힘든 감정을 많이 느낍니다. 슬픔, 외로움, 두려움, 불안에 시달리죠. 그런 감정을 나누면 신기하게도 어린이 독자의 마음도 밝아져요. 책은 어린이의 마음을 고쳐 주는 신비로운 치료제랍니다.

📖 사랑하면 용기가 생긴다는 걸 배운다

4학년 가민이는 용감하려면 키가 크고 힘이 세야 한다고 믿었습니다. 친구들을 봐도 몸이 크고 힘센 아이들이 용기가 넘치거든요.

영화에서도 다르지 않았어요. 용감한 헐크는 몸집이 크죠. 용기 넘치는 원더우먼은 강력한 초능력이 있고요. 용감한 사람들은 그렇게 크거나 강해요.

하지만 가민이는 안데르센이 쓴 〈백조 왕자〉를 읽은 후에 생각이 바뀌었어요. 작고 약한 사람도 큰 용기를 가질 수 있다는 걸 알았답니다. 〈백조 왕자〉의 주인공 엘리자가 그랬거든요.

> 엘리자는 귀엽고 순한 공주였어요. 아빠는 왕이었고 11명이나 되는 왕자인 오빠들은 하나같이 엘리자를 사랑했습니다. 엘리자는 엄마가 없었어도 매우 행복했어요.
>
> 그런데 아빠가 재혼하고 나서 불행이 찾아왔습니다. 새엄마가 계략을 꾸며서 오빠 11명을 백조로 만들

어 버리고 엘리자를 길거리로 내쫓았거든요.

하루빨리 오빠들을 사람으로 되돌리고 싶었지만 엘리자는 방법을 몰라서 고민만 하고 있었어요.

그러던 어느 날 요정이 나타나 저주가 풀리는 해결책을 알려 주었습니다. 요정은 교회 공동묘지에 자라는 쐐기풀로 옷 11벌 만들어서 백조들에게 입히라고 했어요.

쐐기풀에는 날카로운 가시가 있답니다. 맨손으로 쐐기풀을 만지면 손에 상처가 나고 물집이 잡혀서 얼마나 아픈지 몰라요.

하지만 엘리자는 포기하지 않았어요. 아픔을 꾹꾹 참아 가며 쐐기풀 옷을 만들었지요. 사랑하는 오빠들을 꼭 구하고 싶었기 때문이에요.

그러다가 엘리자는 목숨을 잃을 위험에 빠집니다. 쐐기풀을 뜯으러 귀신들이 득실거리는 공동묘지에 가야 했는데, 그것을 본 사람들이 엘리자를 마녀로 몰아서 화형을 시키려고 한 거예요.

엘리자는 감옥에 갇혀서도 쐐기풀 옷 만들기를 포기하지 않았습니다. 화형대로 가는 수레 안에서도 계

> 속해서 옷을 짰어요.
>   다행스럽게도 화형이 시작되기 직전에 엘리자가 쐐기풀 옷 11벌을 완성했어요. 옷을 백조들에게 던지자 오빠들은 사람의 모습으로 되돌아왔습니다.
>   엘리자는 누명을 벗고 다시 행복하게 살았답니다.

 엘리자는 작고 약한 여성이에요. 크고 강한 사람이 아닌데도 용기가 넘칩니다. 어떻게 그런 용기가 생겨난 것일까요? 바로 사랑 때문입니다. 오빠들에 대한 사랑이 커서 용기가 났던 거예요.

 누군가를 사랑하면 용기가 생깁니다. 헐크, 원더우먼, 아이언맨처럼 용감무쌍해져요.

 제페토 할아버지는 파도가 높은 거친 바다에 배를 타고 나갔어요. 무척 무서웠지만 용기를 냈죠. 사랑하는 피노키오를 구하려고 했기 때문에 용감해진 것입니다.

 사람이 아니라 진리를 사랑해도 용감해집니다. 갈릴레오 갈릴레이는 큰 형벌을 받을 줄 알면서도 지구가 태양 주변을 돈다고 주장했어요. 그는 진실을 사랑했기 때문에 그렇게 용기 내어 말했던 것입니다.

마하트마 간디는 조국 인도를 사랑했기 때문에 용감하게 독립 운동을 했어요. 유관순 열사와 이순신 장군에게 두려움이 없었던 것도 나라 사랑 때문이죠.

사랑은 용기의 어머니예요. 사람, 진리, 조국 등 그 무엇이건 사랑하면 용기가 생깁니다. 아무리 작고 약한 사람도 사랑을 품으면 가장 용감한 사람이 될 수 있어요. 이건 이야기책과 역사책이 알려 주는 진실이랍니다.

📖 자신을 부끄러워하지 않게 된다

땡땡땡…… 12시를 알리는 종이 울리기 시작했어요. 신데렐라는 모습이 바뀌기 전에 얼른 집으로 가야 해요. 그런데 만약 신데렐라가 달아나지 않았다면 어떤 일이 생겼을까요?

신데렐라는 원래 모습으로 돌아갔을 거예요. 눈부신 드레스는 낡은 옷으로 바뀌고 보석 장식도 없어졌겠죠. 화려하지 않은 초라한 모습을 보고 왕자가 놀라지 않을 수는 없을 겁니다.

12시 10분에 왕자와 신데렐라가 나누는 두 가지 대화를 상상해 볼게요. 먼저 마음이 약한 신데렐라였다면 다음과 같은 이야기를 했을 것 같아요.

왕자: 앗! 이게 어떻게 된 거죠? 당신의 모습이 바뀌었네요. 아름다운 드레스가 누더기 옷이 되었어요.

신데렐라: 이게 원래 내 모습이에요. 이런 꼴을 보이다니 창피하네요. 이제 갈래요. 너무 부끄러워서 여기 더 있을 수가 없어요. 왕자님을 두 번 다시 만나지 않을 거예요.
(신데렐라는 눈물 흘리며 떠나고 왕자는 안타깝게 바라볼 뿐입니다.)

대화에서 신데렐라는 자기 모습을 부끄럽게 여겼습니다. 예쁘게 치장하지 못한 자신이 창피해서 도망치듯 떠나 버렸어요. 마음이 지나치게 약하죠.

신데렐라의 마음이 더 튼튼했다면 다른 대화를 나누었을 거예요.

왕자: 앗! 이게 어떻게 된 거죠? 당신의 모습이 바뀌었네요. 아름다운 드레스가 누더기 옷이 되었어요.

신데렐라: 이게 원래 내 모습이에요. 하지만 부끄럽지 않아요. 제가 부엌일을 많이 해서 옷차림이 이럴 수밖에 없어요. 왕자님은 이 모습이 싫은가요?

왕자: 깜짝 놀라기는 했어요.

신데렐라: 왕자님은 내가 아니라 나의 예쁜 드레스를 좋아했던 건가요? 실망이네요.

왕자: 그런 것은 아니고요…….

신데렐라: 아무튼 이게 나의 원래 모습이에요. 이 모습도 괜찮다면 연락 주세요.

(신데렐라가 전화번호를 남긴 후 떠나려는데, 애타는 표정의 왕자가 신데렐라를 붙잡습니다.)

어느 신데렐라가 더 멋있는지 판단해 보세요. 자신의 진짜 모습이 창피한 신데렐라와 당당하게 여긴 신데렐라 중 누가 더 멋있을까요?

자신을 부끄러워하지 않는 사람이 더 매력적이에요. 이야기만이 아니라 현실에서도 마찬가지랍니다.

모든 사람에게는 부족한 점이 있답니다. 어떤 어린이는 수학을 잘 못하고 누군가에게는 영어가 어렵죠. 또 운동 실력이 뛰어나지 않은 어린이도 있고, 노래와 춤에 약한 어린이도 있어요.

그렇게 부족한 점이 있다고 자신을 부끄러워해야 할까요? 아니면 자신을 당당하게 표현해야 할까요?

(1) 나는 운동을 못해서 너무 창피해. 왜 이렇게 태어났는지 모르겠어.
(2) 나는 운동을 좀 못하는 게 사실이야. 그게 나야. 뭐가 문제지?

어떻게 말하는 어린이가 더 멋있을까요?

(2)처럼 자신을 부끄러워하지 않고, 당당한 자세를 보여야 멋있어요. 그렇게 내가 나를 당당하게 여기면 마음이 행복해집니다.

신데렐라가 12시에 달아날 필요는 없었어요. 동화에서는 본래 모습을 들킬까 봐 무서운 속도로 달렸는데 잘못하다가는 사고가 날 뻔했죠. 차라리 자기 모습을 당당히 보이는 게 나았어요.

우리 어린이들도 똑같아요. 부족한 점이 있어도 숨기거나 고개 숙일 필요는 없습니다. 당당히 인정하고 자신을 드러내면 더 멋있고 행복할 거예요.

📖 훌륭한 어린이가 되는 비법을 발견한다

이 세상에서 가장 재미없는 이야기를 준비했습니다. 이 짜증나게 재미없는 이야기의 주인공은 알리바바예요.

> 가난한 알리바바가 숲속에서 도둑들의 동굴을 발견했어요. "열려라 참깨"라고 외치자 동굴 문이 스르르 열렸고 막대한 양의 보석이 모습을 드러냈습니다. 알리바바와 가족은 평생 행복하게 살 수 있었어요.

굉장히 재미없겠지만 이야기가 하나 더 남아 있어요. 꾹 참고 다음에 나오는 신데렐라 이야기를 읽어 보세요.

> 옛날에 신데렐라가 살고 있었어요. 부모님의 큰 사랑을 받았기 때문에 신데렐라는 매일매일 행복했지요. 어느 날 신데렐라는 무도회장에서 왕자를 만나 진실한 사랑에 빠졌고, 두 사람은 결혼해서 행복하게 잘 살았답니다.

읽은 후에 맥이 풀렸거나 짜증이 났다면 정상이에요. 성격이 불같은 어린이는 "이런 싱거운 이야기를 하면 어떡해?"라면서 흥분했을지 모릅니다. 숨을 깊이 들이마시고 마음을 진정시킨 후에 왜 짜증이 났는지 이유를 찾아봅시다.

이 이야기들이 재미없는 이유는 뭘까요? 이야기에 무엇이 빠졌기에 짜증스러운 건가요? 이걸 맞히는 어린이는 천재라고 칭찬받아도 됩니다.

그 이유는 바로 어려움이 없기 때문이에요. 다른 말로는 고난, 시련, 위기가 없었기 때문에 재미가 없는 거죠. 알리바바와 신데렐라는 아무런 어려움 없이 행복을 얻었어요. 고생을 전혀 하지 않았죠. 그런 까닭에 재미없고 짜증스러운 이야기가 된 것입니다.

뒤집어 생각하면 이야기의 법칙 하나를 알 수 있어요. 바로 주인공이 어려움을 겪어야 이야기가 재미있고 감동적이라는 겁니다.

원래의 이야기에서는 주인공들이 정말 큰 어려움을 겪었지요. 알리바바는 온 가족이 도둑들에게 쫓겨서 재산은 물론이고 목숨까지 빼앗길 뻔했습니다. 신데렐라가 겪은 어려움도 잘 알려져 있어요. 가족의 사랑을 받기는커녕 천대를 받았죠. 무도회도 못 갈 뻔했어요. 겨우겨우 꿈에 그리던 왕자를 만나고도 오래도록 함께 있지 못하고 부리나케 달아나야 했고요.

이렇게 주인공을 괴롭히는 어려움 때문에 이야기는 더욱 재미있어집니다.

그런데 중요한 사실이 있어요. 어려움이 있어서만 재미있는 게 아니에요. 주인공이 어려움을 이겨 냈다는 사실이 더 중요하답니다. 만일 주인공이 어려움에 꺾였다면 이야기는 정말로 재미없을 거예요. 이겨 냈기 때문에 멋있는 거예요.

알리바바와 신데렐라는 어려움을 이겨 냈어요. 다른 동화에서도 주인공들이 어려움을 극복했죠. 피노키오는 나쁜 짓을 하자는 유혹에 지지 않았어요. 잭은 무시무시한 거인을 꺾었고, 로빈슨 크루소는 무인도 생활을 참아 내고 28년 만에 고향 영국으로 돌아왔습니다.

그렇게 어려움을 이겨 냈기 때문에 어린이 문학의 주인공들은 멋있는 것입니다. 그건 위인전의 주인공들도 마찬가지예요. 모두 어려움을 이겨 내고 훌륭한 사람이 되었답니다.

예를 들어 볼까요? 1880년에 태어난 헬렌 켈러는 어릴 때 병에 걸려 시각과 청각을 잃었습니다. 아무것도 보이지 않고 아무 소리도 들리지 않았어요. 보통 사람은 상상하기 힘든 어려움인데, 헬렌 켈러는 그 시련을 극복해서 훌륭한 사람이 되었답니다. 그리고 지금까지 세상 사람들에게 용기의 가치를 알리는 고마운 존재로 기억되고 있어요.

1918년 남아프리카 공화국에서 태어난 넬슨 만델라도 시련을 통해 위대해진 사람이에요. 남아프리카 공화국은 흑인 차별이 아주 심한 나라였어요. 차별에 맞서던 넬슨 만델라는 27년 동안 감옥에 갇혔어요. 하지만 결국 나중에는 노벨 평화상을 받았고 남아프리카 공화국의 대통령이 되었답니다.

음악가 베토벤도 시련을 힘들게 이겨 냈어요. 그는 가난한 가족을 돌봐야 했습니다. 가까이 지내는 사람도 적어서 많이 외롭기도 했고요. 그리고 20대 때부터는 청각을 잃고 말았어요. 소리를 듣지 못하다니! 음악가에게는 너무 큰 시련이었죠. 그렇지만 베토벤은 어려움에 꺾이지 않고 영원히 남을 아름다운 음악을 작곡했습니다.

위인들은 어려움을 이기고 위대해졌어요. 동화 속 주인공과 똑같죠. 훌륭한 사람이 되려면 어려움을 맞아도 이겨 내야 해요.

어린이라고 다르지 않아요. 어려움을 전혀 모르는 어린

이는 너무나 불행해요. 다음에 소개하는 옛날이야기를 읽어 보세요.

> 옛날에 왕과 왕비가 신의 축복을 받아서 예쁜 아이를 얻었습니다. 아이는 언제나 방글방글 웃어서 왕과 왕비를 행복하게 했어요. 그런데 걸음마를 배우기 시작하면서 아이는 자주 울었어요. 넘어져서 다리와 발이 아프니까 눈물을 펑펑 쏟은 거예요.
>
> 왕은 하인에게 명령을 내려 아이를 항상 안고 다니게 했어요. 그리고 10살이 넘자 아이를 가마와 말에 태우게 했죠.
>
> 엄마 아빠의 따뜻한 보살핌 덕분에 아이는 넘어져서 우는 일이 두 번 다시 없었어요. 대신 아이는 평생 한 걸음도 걷지 못했습니다. 살면서 단 한 번도 풀밭에서 뛰어놀지 못했고요.

왕과 왕비는 큰 실수를 했습니다. 어려움을 겪을 기회를 빼앗아서 아이를 불행하게 만들고 말았지요. 우리 어린이들은 그 불쌍한 아이처럼 편하게만 살아야 할까요? 아니면

베토벤과 신데렐라처럼 어려움에 맞서서 견디는 사람이 되어야 할까요? 어느 쪽이 더 멋있고 훌륭한 어린이일까요? 책을 읽으면 저절로 답을 알게 됩니다.

제4장

슬기로워진다

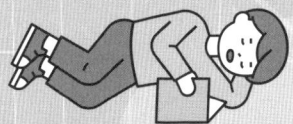

📖 나쁜 사람과 착한 사람을 구별할 수 있다

가민이는 여섯 살 때 유괴 사건에 휘말린 적이 있습니다. 어떤 할머니가 과자를 사 주겠다고 하자 놀이터에서 그네를 타던 가민이는 할머니를 따라갔어요. 잠시 집에 갔다 돌아온 엄마는 가민이가 없어진 걸 알고 정신을 잃을 뻔했다고 합니다.

얼굴이 하얗게 질린 엄마가 놀이터 주변을 헤매고 다니는데, 저기 멀리 편의점에서 과자를 들고 나오는 가민이가 보였어요. 과자를 사 주신 할머니는 어디론가 가고 가민이 혼자였죠. 할머니가 나쁜 사람이 아니어서 얼마나 다행이었는지 몰라요.

그날 엄마는 호랑이처럼 무서운 얼굴로 가민이에게 당부했습니다.

"세상에는 나쁜 사람이 많단다. 아무나 따라가면 절대 안 돼. 알겠니?"

주눅이 든 가민이는 "예"라고 대답했지만 너무 어려웠어요.

'누가 나쁜 사람이지? 어떤 사람이 나쁘다는 걸 어떻게 알지?'

도무지 알 수가 없었죠. 다행스럽게도 막막한 가민이를 도와준 것이 있었는데 바로 책이에요.

가민이는 책을 읽으면서 서서히 나쁜 사람과 착한 사람을 구별하는 법을 배울 수 있었습니다.

나쁜 사람의 첫 번째 특징은 남을 해친다는 거예요.

해리 포터의 부모를 숨지게 했으며 해리 포터까지 해치려고 했던 볼드모트가 바로 나쁜 사람이죠. 〈눈의 여왕〉에서 카이를 납치했던 눈의 여왕도, 피터 팬과 친구들을 위험에 빠뜨렸던 후크 선장도 악인, 즉 나쁜 사람이에요.

역사 속의 나쁜 사람들도 남을 해쳤습니다. 독일의 아돌프 히틀러는 제2차 세계대전 중 6천만 명이 넘는 유대인을 학살한 전쟁 범죄자예요. 자기 어머니를 포함해 많은 사람의 생명을 앗았고 로마에 불을 지른 황제 네로도 인류 역사를 통틀어 가장 나쁜 사람에 속한답니다.

나쁜 사람의 두 번째 특징은 남을 속인다는 것입니다. 할머니인 척 행세하면서 빨간 모자를 속였던 늑대는 나빠요. 피리 부는 남자가 쥐를 다 잡아 줬는데도 약속을 지키지 않은 마을 사람도 역시 속임수를 썼으니까 나쁘죠.

어린이들은 길이나 놀이터에서 공짜로 과자나 돈을 주겠다고 유혹하는 사람들을 특히 조심해야 합니다. 남을 속이는 나쁜 사람일 가능성이 아주 높거든요.

나쁜 사람의 세 번째 특징은 이기적이라는 거예요. 자기의 이익만 생각하고 남이 피해를 입어도 신경 쓰지 않아요. 신데렐라에게 궂은일을 다 시키고 자기는 편하게 지낸 새엄마는 이기적이죠. 〈베니스의 상인〉에서 가난한 사람에게 높은 이자를 받았던 고리대금업자 샤일록도 이기적이고요.

가민이가 책을 읽고 알아낸 나쁜 사람의 기준은 이렇게 세 가지입니다. 남을 해치는 사람, 남을 속이는 사람, 자기 이익만 생각하는 사람은 나쁜 사람이에요. 가까이하지 말아야 합니다.

그러면 착한 사람은 어떤 모습일까요?

첫째, 착한 사람은 옳은 일을 해요. 악을 물리치려고 노력했던 해리 포터와 〈반지의 제왕〉의 마법사 간달프가 그 예입니다. 이순신 장군과 안중근 의사도 옳은 일을 했으니 착한 사람들이죠.

둘째, 착한 사람은 곤경에 처한 사람을 도와줍니다. 백설 공주를 보호한 일곱 난쟁이, 신데렐라에게 마차를 만들어 준 요정, 자신을 희생해서 가난한 사람을 도운 행복한 왕자가 착한 사람들이에요. 헌실의 테레사 수녀와 슈바이처 박사도 수많은 사람을 도왔어요. 그렇게 착한 사람과는 가까이해야 우리도 착한 사람이 될 수 있지요.

그런데 책에는 착한 사람과 나쁜 사람만 있을까요? 그렇지 않아요. 처음에는 나빴다가 착하게 바뀐 사람이 적지 않습니다.

예를 들어서 〈크리스마스 캐럴〉의 스크루지는 인색하고 이기적인 사람이었지만, 마음을 고쳐서 너그럽고 따뜻한 사람이 되었어요. 〈자기만 아는 거인〉(또는 〈거인의 정원〉)에서 거인은 처음에는 어린이들을 자기 정원에서 쫓아내는 나쁜 인물이었지만 나중에는 어린이들의 다정한 친구가 됩니다.

나쁜 사람이라고 해서 영원히 나쁘지는 않아요. 잘못을 반성하고 고치면 얼마든지 착한 사람이 될 수 있답니다.

정리해 볼까요? 어린이책에는 세 종류의 사람이 등장합니다. 나쁜 사람, 착한 사람, 나빴다가 착해진 사람, 이렇게요.

책 읽는 어린이는 사람을 구별하는 능력이 생기기 때문에, 모르는 사람을 따라가서 부모님을 기절시키는 불효는 저지르지 않습니다. 또 친구를 못살게 굴지도, 다른 사람을 속이지도 않아요. 책은 어린이를 안전하고 바르게 자라도록 도와줍니다.

📖 나에게 딱 맞는 것을 찾게 된다

다연이는 책 읽기를 싫어합니다. 동생이 키득거리며 읽는 책은 너무 쉽고 유치해요. 엄마가 읽던 책도 펼쳐 봤지만 역시 재미가 없어요. 무슨 말인지 도무지 알 수가 없거든요. 지루한 책에 둘러싸인 다연이는 책을 싫어하는 아이가 되고 말았죠.

다연이는 왜 책을 싫어하게 되었을까요? 그건 자기에게 맞는 책을 만나지 못했기 때문입니다. 자기 마음에 드는 책을 찾아내면 책을 사랑하게 됩니다. 지금부터는 골디락스가 도와줄 거예요.

골디락스가 누구냐고요? 〈골디락스와 곰 세 마리〉에 나오는 주인공 이름이에요. 기억이 가물가물할지 모르니까 내용을 간단히 소개하는 게 좋겠군요.

> 숲속 작은 오두막집에 아빠 곰, 엄마 곰, 아기 곰이 함께 살고 있었습니다. 어느 날 아빠 곰이 맛있는 수프를 끓였어요. 수프 냄새가 아주 좋았지만 너무 뜨거워서 바로 먹을 수 없었지요. 곰 가족은 수프가 식을 동

안 손을 잡고 숲을 산책하기로 했습니다.

곰 가족이 자리를 비운 집에 골디락스라는 소녀가 몰래 들어왔어요. 그리고 마치 자기 집처럼 행동하는 거예요!

골디락스는 먼저 식탁에 차려진 수프를 맛보았습니다. 아빠 곰의 수프를 먹어 본 골디락스는 말했어요.

"이건 너무 뜨거워."

엄마 곰의 수프를 먹어 본 후에는 이렇게 말했죠.

"이건 너무 차가워."

아기 곰의 수프를 맛본 후에는 "이건 나에게 잘 맞아."라면서 맛있게 다 먹어 버렸어요.

피곤했던 골디락스는 의자에 앉아 쉬고 싶었습니다. 첫 번째로 아빠 곰의 의자에 앉아 보고는 이렇게 말했어요.

"이건 너무 높아."

다음으로 엄마 곰의 의자에 앉은 후에 말했죠.

"이건 너무 넓어."

끝으로 아기 곰의 의자에 앉아서는 "이건 내게 잘

맞아."라면서 기뻐했답니다.

이제 골디락스는 침대에서 잠을 자고 싶었어요. 아빠 곰의 침대에 누워 본 골디락스가 말했어요.

"이 침대는 너무 딱딱해."

엄마 곰의 침대도 마음에 들지 않았어요.

"이 침대는 너무 폭신해."

끝으로 아기 곰의 침대에 누워 보고는 "이 침대가 내게 잘 맞아."라고 말하며 만족해하는 거예요.

아기 곰의 침대에서 쿨쿨 잠자던 골디락스가 바스락거리는 소리에 문득 눈을 떠 보니 곰 가족이 자신을 내려다보고 있었어요. 벌떡 일어난 골디락스는 후다닥 자기 집으로 달려갔답니다.

골디락스는 아주 똑똑한 아이입니다. 자기에게 맞는 걸 잘도 찾아내죠. 수프, 의자, 침대를 하나하나 살펴보고, 가장 만족스러운 것을 고른 뒤 먹고 앉고 누웠습니다.

자기와 어울리는 걸 찾으면 즐거워요. 서점에 있는 책 중 어떤 것은 너무 어렵고 또 어떤 것은 너무 쉽지요. 내게 잘 맞는 책을 골라야 더 재미있게 읽을 수 있답니다.

그런데 자기에게 잘 맞는 책을 어떻게 찾을 수 있을까요? 그 방법을 골디락스가 가르쳐 줍니다.

골디락스는 자기에게 딱 맞는 수프, 의자, 침대를 어떻게 골랐나요? 답은 간단해요. 골디락스는 직접 부딪혔어요. 몸소 먹고 앉고 누워 봤지요.

책을 고를 때도 똑같이 하면 됩니다. 손으로 직접 만지고 조금 읽어 보는 거예요. 표지와 차례를 유심히 보면 내 취향에 맞는 책을 고를 수 있어요. 그리고 본문을 몇 쪽만 살펴봐도 책이 나에게 맞는지 아닌지 쉽게 알 수 있답니다.

책만이 아니라 친구를 사귈 때도 마찬가지예요. 가능하면 나와 잘 맞는 친구와 어울리는 것이 좋습니다. 그래야 하루 종일 기분이 좋고 행복하기 때문이죠.

어떡해야 나와 잘 맞는 친구를 알아볼 수 있을까요? 골디락스처럼 직접 부딪히면 됩니다.

친구에게 먼저 다가가서 "안녕!" 하고 인사합니다. "어제 일요일이었는데 뭐 했어?"라고 관심을 보이는 질문을 하는 것도 아주 좋아요. 책이나 음식, 유튜브 채널을 놓고 뭘 좋아하고 뭘 싫어하는지 물어보는 것도 쓸 만한 방법이에요. 그렇게 대화하다 보면 나와 잘 맞는 단짝 친구를 만날 수 있습니다.

야식을 시킬 때는 어떡해야 할까요? 치킨은 수백 가지 종류가 있는데 그걸 다 먹어 봐야 내게 딱 맞는 걸 고를 수 있을까요? 그것도 좋은 방법이지만 현실적이지는 않아요. 수백 마리를 먹는 건 너무 힘들죠. 돈도 돈이지만 체중이 수십 킬로그램 늘어날지도 몰라요.

그럴 때는 직접 먹기보다는 정보를 열심히 찾는 게 좋죠. 인터넷에 올라간 평가를 읽거나 친구의 추천을 받으면, 다 먹어 보지 않고도 내게 딱 맞는 야식을 고를 수 있어요.

자기에게 맞는 걸 적극적으로 고르는 어린이에게는 나중에 굉장한 능력이 생깁니다. 어울리는 직업을 찾고, 잘 맞는 연인을 만나고, 나에게 알맞은 즐거운 인생을 살게 되는 거예요.

아무거나 선택하지 말아야 합니다. 내가 좋아하는 것, 내가 편한 것, 내게 딱 맞는 것이 최고예요. 골디락스처럼 직접 부딪혀서 살피고 느끼면 나에게 꼭 맞는 걸 선택할 수 있답니다.

📖 마법 같은 사랑에 대해서 배운다

사랑은 아름답고도 마법 같은 힘을 가졌습니다. 동화책을 많이 읽은 채우는 진작부터 알고 있었어요.

채우는 요즘 사랑에 빠졌어요. 인생에서 첫사랑이에요. 상대는 같은 반 아이인데 진심으로 좋아하고 있답니다. 어디가 좋으냐고요? 다 좋아요. 말투, 외모, 성격까지 하나도 빠짐없이 사랑스럽죠. 심지어 재채기하는 모습과 소리도 아름답게 느껴진답니다.

사랑은 신기합니다. 사랑에 빠지면 상대의 모든 것이 좋아요. 단점이나 실수까지 사랑스러워요. 엄마가 아빠의 불룩 나온 배가 귀엽다고 말하는 걸 들었는데 채우는 그 마음을 이해합니다.

동화 주인공들도 비슷해요. 백설 공주를 사랑한 왕자도 채우와 같은 마음이었어요. 왕자는 백설 공주의 머리부터 발끝까지 좋아했습니다. 웃음소리는 물론이고 발자국 소리조차 사랑스러웠을 거예요. 라푼젤과 왕자도 다르지 않아요. 서로에게 가장 아름다운 사람이었죠.

사랑이 원래 그런 것입니다. 사랑하는 사람의 모든 걸 좋아하게 만드는 것이 사랑의 힘이에요. 사랑은 참 놀라운 힘을 가졌답니다.

여자 친구를 사귀면서 채우가 놀란 게 또 있어요. 여자 친구가 초능력을 갖고 있었거든요! 바로 채우를 1초 만에 행복하게 만드는 초능력이에요.

며칠 전 엄마에게 야단을 실컷 맞은 날이었습니다. 학교로 가는 채우의 마음속에 세찬 비바람이 불었어요. 깜깜하고 눅눅하고 우울한 기분이었죠. 그런데 교실에서 여자 친구의 미소를 보자마자 1초도 안 돼 비바람이 물러갔어요. 여자 친구를 보는 순간 마음이 거짓말처럼 맑고 밝아졌답니다.

채우는 이와 비슷한 걸 동화에서도 읽었어요.

인어 공주만 해도 그렇죠. 인어 공주는 왕자를 위해 많은 희생을 했지요. 행복한 집과 가족을 떠났고 목소리도 포기했습니다. 또 잘못하면 목숨을 잃을 수도 있었어요. 무척 힘들었을 거예요. 그런데 왕자가 사랑 고백을 하자 1초 만에 행복해졌어요. 힘들었던 것은 다 잊어버렸죠.

야수도 마찬가지예요. 사람들이 무서워하는 괴물의 모습으로 살면서 얼마나 외롭고 슬펐을까요? 하지만 미녀가 사랑을 받아 주자 눈 깜짝할 사이에 행복해졌습니다. 마음에 햇살이 비추면서 환하게 밝아졌지요.

사랑은 마법과 같아요. 사랑하는 사람이 완벽해 보이죠. 그리고 사랑은 힘들고 아픈 마음을 금방 행복하게 만들어 줍니다. 사랑은 참 좋은 거라고 채우는 생각했어요.

그런데 채우가 아직 모르는 사랑의 진실이 두 가지 있답니다.

첫째, 사랑한다고 항상 행복한 것은 아니에요. 어린이 커플들은 서로 좋아해서 사귀면서도 자주 다툽니다. 동화 속 커플들과 달리 현실 커플들은 말이 통하지 않아 답답할 때도 많아요. 현실에서는 사랑하면서도 불행해지는 걸 피하기 어려워요.

둘째, 사랑은 영원하지 않아요. 동화 속에서는 사랑이 영원하지요. 알라딘, 신데렐라, 엄지 공주 모두 영원히 사랑하면서 행복하게 살았어요. 하지만 현실에서는 사랑이 늘 영원하지는 않습니다. 어떤 어린이 커플은 등 돌리고 헤어지기도 하죠.

사랑이 불행도 가져오며 영원하지도 않다니! 이건 너무 슬픈 일이에요.

그런데 우리가 기억할 게 있어요. 사랑의 슬픔보다는 사랑의 기쁨이 훨씬 크답니다. 아마 백배는 될 거예요. 이게 중요한 진실입니다. 동화책은 그 진실을 말하고 싶어 하죠.

모두가 이성 친구를 사귀어야 하는 건 절대 아니지만, 사귀고 싶다면 행복하고 아름답게 사랑하라고 동화책이 응원합니다.

📖 모든 어린이가 큰 별이 될 수 있다는 걸 배운다

가민이는 동생을 어디 내놔도 부끄러웠습니다. 동생이 매우 못되고 자기에게도 잘 대든다고 생각했어요. 동생은 엄마 아빠에게마저도 지지 않고 꼬박꼬박 말대꾸를 하는 골치 아픈 아이예요. 가민이는 버릇없는 동생이 싫고도 창피했습니다.

그러던 동생이 어느 날 가민이를 구하는 감격스러운 일이 일어났어요!

학교 운동장에서 못된 친구 두 명이 가민이를 놀리고 있었습니다. 친구들은 가민이가 돼지코라면서 웃었어요. 가민이는 화가 났지만 용기가 나지 않아 입을 닫고 있었는데 어디선가 동생이 씩씩거리며 나타났습니다.

엄마 아빠에게도 대드는 동생이니까 겨우 두 살 많은 가민이 친구들을 보니 가소로웠나 봅니다. 동생은 목에 핏대를 세우고 이렇게 소리쳤어요.

"남을 놀리면 나빠! 말도 안 되는 소리는 그만두고 당장 사과해!"

못된 아이들은 동생의 기세에 눌려 슬금슬금 물러섰죠.

"어딜 도망가려는 거야? 우리 형한테 당장 사과 못해?"

동생이 소리를 지르니 그 아이들은 휘리릭 달아나 버렸어요.

가민이는 놀랐습니다. 아무짝에도 쓸모없을 것 같던 동생이 자신을 구한 것에 감동했어요. 그리고 얕잡아 본 게 미안하기도 했지요.

동생은 겉보기에는 형편없는 아이였지만 속에는 엄청난 용기가 숨어 있었어요. 그렇게 겉 다르고 속 다른 캐릭터가 책에도 많이 나옵니다. 그중 하나는 장화 신은 고양이예요.

〈장화 신은 고양이〉에서 아버지가 세상을 뜨면서 세 아들에게 유산을 남겼어요. 첫째 아들에게는 방앗간, 둘째 아들에게는 당나귀, 막내아들에게는 고양이가 주어졌습니다. 막내아들은 아무짝에도 쓸모없는 고양이를 받은 것에 불만이 컸어요.

그런데 그 고양이가 놀라운 일을 합니다. 장화를 신고 여기저기 뛰어다니면서, 막내아들을 아주 큰 부자로 만들고 왕의 딸과 결혼하도록 도와줬죠. 고양이는 대단한 능력을 가졌습니다. 소원을 들어주는 램프의 요정이 부럽지 않을 정도였어요.

작은 고양이에게 그런 능력이 있을 거라고 막내아들은 상상도 못했습니다. 만일 고양이를 형이 유산으로 받은 당나귀와 바꿨다면 부자도 안 되고 공주의 남편도 될 수 없었을 거예요. 당나귀 백 마리도 못 당할 용기와 지혜가 변변찮은 고양이에게 숨어 있었죠.

잭이 소와 바꾼 콩도 비슷해요. 〈잭과 콩나무〉에서 어머니는 콩을 뒷마당에 던져 버렸어요. 아무런 쓸모가 없다고 생각했기 때문이에요. 잭도 그렇게 생각했습니다. 하지만 그 콩은 마법의 콩이었고, 잭의 집을 엄청난 부자로 만들어 주었습니다. 겉보기에 쓸모없던 콩이 사실은 기적의 콩이었던 거예요.

가민이 동생도 보기와는 달리 굉장한 용기가 있고 멋있는 아이였어요.

위인전을 봐도 비슷한 사람들이 있습니다. 천재 아인슈타인은 어릴 때 말을 늦게 시작했고 전혀 똑똑해 보이지 않았어요. 부모님은 아이의 지능이 낮은 게 아닐까 무척 걱정했다고 해요. 하지만 알다시피 아인슈타인은 천재였어요. 겉보기와는 다르게 말이에요. 유럽을 정복한 나폴레옹은 덩치가 크지도 않고 약해 보였죠. 하지만 그에게는 용기와 위대함이 숨어 있었어요.

책을 읽은 어린이들은 알게 됩니다. 겉만 보고 사람을 판단해서는 안 된다는 걸요. 마음속에 있는 용기, 재능, 사랑까지 살펴봐야 바르게 판단을 내릴 수 있어요.

또 책을 읽으면 배우게 됩니다. 모든 사람에게는 겉에서 안 보이는 힘이 있답니다.

분명히 우리 반 친구들도 똑같을 거예요. 공부를 못해서 고민이라는 친구가 나중에 천재가 될 수도 있어요. 수줍음이 많은 친구가 세계적인 아이돌로 성장할지도 모르죠. 떡볶이 값도 아끼는 그 친구가 세계 최고의 부자가 될 수도 있어요.

그렇게 모두에게 큰 잠재력이 숨어 있다고 생각하니, 가민이는 기분이 무척 좋아졌답니다.

📖 소중한 것은 보이지 않는다는 걸 깨닫는다

소율이는 엄마께 야단맞고 공원에 혼자 앉아 있었어요. 그런데 화단에서 부스럭거리는 소리를 내며 웬 동물이 나타났어요. 강아지나 고양이일 거라고 생각했는데 아니었습니다. 야생에 사는 여우였어요! 시무룩하고 기운 없는 소율이에게 여우가 말했어요.

여우: 슬픈 일이 있었나 보구나.
소율: 맞아. 엄마에게 꾸중을 들었어. 엄마는 왜 그렇게 야단만 치는지 모르겠어.
여우: 원래 가장 중요한 것은 눈에 보이지 않아.

〈어린 왕자〉에 나오는 바로 그 여우였군요! 그런데 중요한 것은 눈에 보이지 않는다는 게 무슨 뜻일까요? 소율이는 곰곰이 생각해 보니 알 것 같았어요.

엄마가 야단치는 얼굴은 잘 보입니다. 화난 엄마의 이글거리는 눈빛도 눈에 잘 들어와요.

그런데 여우는 가장 중요한 것은 눈에 보이지 않는다고 했어요. 중요하다는 그것은 뭘까요?

엄마의 사랑은 눈에 보이지 않아요. 엄마가 우리를 염려하는 마음도 안 보이죠. 사랑과 염려는 아주 중요하지만 눈에 보이지 않습니다.

그리고 보니 소율이의 소중한 마음도 잘 보이지 않아요. 공부나 친구 문제 때문에 힘들고 슬픈 마음을 엄마는 잘 보지 못합니다. 엄마를 사랑하는 마음도 잘 보이지 않지요.

중요하지 않은 것은 눈에 잘 띄어요. 소율이가 틀리게 푼 문제를 엄마는 쉽게 찾아냅니다. 또 아무렇게나 벗어 놓은 양말이나 먹다 흘린 음식 자국도 눈에 잘 띄죠. 중요한 소율이의 마음은 잘 보이지 않고, 중요하지 않은 것만 보이는 거예요.

친구 사이에서도 그렇습니다. 내가 친구를 좋아하고 아끼는 마음이 친구에게는 잘 보이지 않아요. 이해심과 응원의 마음도 안 보이고요.

친구의 얼굴은 잘 보입니다. 뛰어가는 모습이나 하늘의 구름, 자동차도 모두 잘 보이죠. 그런데 무엇보다 중요한 사랑과 우정은 눈으로 볼 수 없어요. 이상하고도 안타까운 일이에요.

여우는 어린 왕자에게 이렇게 말했어요.

"나의 비밀을 말해 줄게. 아주 간단한 비밀이야. 마음으로 봐야 바르게 보인단다. 가장 중요한 것은 눈에 보이지 않으니까 말이야."

사랑, 우정, 꿈, 염려 이런 것은 눈에 보이지 않습니다. 마음으로만 볼 수 있어요. 마음으로 보면 눈에 보이지 않는 것도 볼 수 있답니다. 〈어린 왕자〉의 여우가 알려준 굉장한 진실이에요.

그런데 여우와 비슷한 생각을 한 사람이 있어요. 바로 헬렌 켈러예요. 그의 전기에 이러한 말이 나옵니다.

"세상에서 가장 아름다운 것은 보이지 않고 만질 수도 없어요. 마음으로 느껴야 합니다."

세상에서 가장 아름다운 것은 뭘까요? 바로 사랑이 아닐까요? 사랑은 눈으로 보거나 손으로 느낄 수 없어요. 착한 마음도 아름답지만 보거나 만질 수 없죠. 오직 마음으로만 볼 수 있습니다.

돈이 아름다울까요, 사랑이 아름다울까요? 예쁜 옷이 아름다울까요, 친절한 마음이 아름다울까요? 정말로 아름다운 것은 눈에 보이지도 손에 잡히지도 않아요. 책을 읽으면 이 신비로운 사실을 알 수 있답니다.

📖 현명하게 약속하는 방법을 알게 된다

벌써 몇 달째인지 모르겠어요. 초등학교 4학년 다연이가 아빠에게 스마트폰을 바꿔 달라고 조르고 있습니다. 절대 안 된다고만 하던 아빠가 오늘은 무슨 바람인지 허락을 하셨어요. 그런데 아니나 다를까 조건이 붙었군요.

"그거 사 주면 너 하루에 2시간씩 책 읽을래?"

조건을 붙이는 것은 아빠가 다연이를 무척 사랑하기 때문이에요. 어떡하든 책을 읽혀야 다연이가 행복해지니까 독서 조건을 내걸었죠.

다연이는 아빠 마음을 알아도 매일 2시간이나 책을 읽는 건 자신이 없어요. 어떡해야 할까요?

약속을 지킬 자신이 있으면 "예."라고 답하면 됩니다. 자신이 없으면 약속을 수정하는 게 좋아요. 예를 들어 "1시간만 읽을게요."라고 하면 되죠.

아무리 사랑하고 신뢰하는 아빠라고 해도 약속은 함부로 해서는 안 돼요. 불리한 약속을 덥석 했다가는 나중에 후회하니까 조심하는 게 좋습니다.

〈개구리 왕자〉를 읽으면 약속을 조심해서 해야 한다는 교훈을 마음에 새길 수 있어요.

공주의 입장을 생각해 봅시다. 황금 공을 우물에 빠트린 공주는 정말 안됐죠. 가장 소중한 물건을 잃어버렸으니 얼마나 속이 상할까요? 펑펑 울었던 게 당연해요.

그때 개구리가 나타나 도와주겠다고 했어요. 공주의 눈에는 개구리가 소원을 들어주는 요정처럼 보였을 거예요. 친절한 개구리가 너무나 고마웠을 게 틀림없어요.

그런데 개구리는 조건을 달았어요. 이건 그다지 바람직하지 않군요. 어려움에 빠진 사람을 조건 없이 돕는 마음이 순수하고 아름답죠. 어려운 처지를 이용하는 조건을 붙이는 건 전혀 훌륭하지 않습니다.

개구리의 조건은 굉장히 까다로웠어요. 황금 공을 건져 줄 테니 공주와 함께 식사하고 공주의 침대에서 잠을 자도록 해달라고 말이에요. 이건 너무 무리한 요구네요.

개구리는 물과 뭍을 오가며 살아요. 피부가 미끈미끈하고 밤새 개굴개굴 소리도 냅니다. 사람들은 개구리와 사는 방식이 달라서 친하게 지내는 게 사실 쉽지 않아요.

하지만 너무나 다급했던 공주는 덜컥 약속을 하고 말았습니다. 그래서 함께 밥을 먹고 잠도 한 침대에서 자야만 했어요. 나중에 개구리가 왕자로 변해서 천만다행이었죠. 그게 아니었으면 파리나 벌레를 잡아먹는 개구리와 평생 함께 지냈어야 할 거예요.

생각 없이 약속한 건 실수였습니다. 공주는 어떡해야 했을까요? 먼저 어른에게 도움을 청해야 했어요. 황금 공이 우물에 빠졌는데 도와줄 수 없겠냐고 말이에요. 어쩔 수 없이 개구리의 도움을 받아야 했다면 조건을 바꿔야 합니다.

"딱 한 끼만 함께 식사하고 하루만 내 방에서 잠자게 해 줄게."

이런 식으로 약속 내용을 바꿨다면 덜 괴로웠을 겁니다.

친구 중에도 도와주면서 약속을 요구하는 아이들이 있어요.

"내가 도와줄 테니 너는 이렇게 해 줄 수 있어?"

대가를 바라지 말고 순수한 마음으로 도와주면 얼마나 좋을까요? 그럼에도 끝내 조건을 거두지 않으면 약속 내용을 잘 살펴야 해요. 내가 지킬 수 있는지 아닌지 먼저 생각한 후에 약속을 해야 합니다. 친구뿐 아니라 엄마, 할머니, 선생님과도 현명하게 약속해야 옳아요. 〈개구리 왕자〉를 읽고 깊이 생각한 어린이는 그 보석 같은 교훈을 얻게 된답니다.

📖 외모가 아니라 마음을 보는 눈이 생긴다

외모에 대해서 이야기해 볼까요? 말할 것 없이 외모는 중요해요. 원한다면 외모 관리를 열심히 해도 괜찮습니다. 자신을 멋있고 예쁘게 꾸미는 건 좋은 일이에요.

그런데 꼭 기억해야 할 사실이 있어요. 외모 이상으로 중요한 게 있습니다. 그것은 마음이에요. 아름다운 외모만으로는 부족해요. 마음이 아름다워야 진정으로 행복할 수 있답니다.

믿기 어렵다고요? 외모가 훨씬 중요하지 않으냐고요? 그렇게 주장하는 어린이들은 죄송한 말이지만 엄마 아빠를 보면 알 수 있어요. 대부분의 엄마 아빠는 연예인 외모가 아니에요. 최고 미녀 미남이 아니면서도 서로 사랑하며 행복하게 살지요. 외모만이 아니라 마음도 사랑하기 때문에 엄마 아빠의 사랑은 진실해요.

우리 집에는 아빠는 없고 엄마만 있다고요? 그래도 똑같아요. 엄마와 아빠는 절대 미녀 미남이 아닌데도 서로 깊이 사랑했던 것은 사실이에요. 두 분은 마음까지 사랑했을 게 분명합니다.

그러면 왜 헤어졌냐고요? 원래 사랑이 그렇습니다. 남녀는 결혼해서 평생을 같이 살 수도 있고 도중에 헤어질 수도 있어요. 설령 헤어졌더라도 옛날에 진심으로 마음까지 사랑했을 게 틀림없습니다. 그러니 결혼하고 아이까지 낳은 거죠.

아무튼 어린이들도 기억하는 게 좋겠어요. 외모도 중요하고, 외모를 열심히 꾸며도 좋아요. 하지만 내면도 소중하게 생각해야 합니다. 외모만이 아니라 내면이 아름다워야 삶도 아름답거든요.

안타깝게도 이 중요한 사실을 모르는 사람이 동화에도 많이 등장합니다. 가장 대표적인 인물은 백설 공주를 괴롭힌 그 왕비예요.

왕비는 천하의 나쁜 사람이죠. 죄 없는 백설 공주를 해치려고 온갖 짓을 다 했어요. 왕비의 목표는 무엇이었나요? 백설 공주를 괴롭히는 게 목표가 아니었어요. 권력을 손에 쥐는 걸 원했던 것도 아니에요. 왕비가 꿈꾼 것은 가장 예쁜 사람이 되는 것뿐이었습니다.

자기보다 아름다운 백설 공주만 없애면 자신이 최고 미녀가 되고 나아가 가장 행복한 사람이 될 거라고 왕비는 판단했어요.

하지만 그 생각은 틀렸어요. 설령 최고 미녀라고 해도

마음이 악하면 아무도 좋아하지 않아요. 오히려 미움만 받죠. 당연히 행복할 수도 없을 거예요.

외모만 생각했던 왕비와 달리 내면까지 살펴봤던 사람이 동화에 등장해요. 〈미녀와 야수〉의 미녀가 그렇죠.

미녀는 처음에는 야수를 무서워했어요. 괴물 같은 야수의 외모 때문이었죠. 하지만 시간이 흐르면서 생각이 바뀝니다. 야수가 친절한 사람이라는 생각이 들었거든요.

미녀의 호감은 날로 커졌고 마침내 결혼까지 결심합니다. 보통 사람들은 결혼은커녕 달아날 정도로 야수의 외모는 무서워요. 그런데 미녀는 보통 사람과 같지 않았어요. 무서운 외모 속에 감춰진 따뜻한 마음을 읽는 눈을 가졌죠. 참으로 지혜로운 사람이에요.

〈미녀와 야수〉 책을 읽거나 영화를 보는 어린이도 그런 눈을 갖게 됩니다. 사람의 외모가 아니라 마음을 보는 눈이 어린이 독자에게 생길 거예요.

텔레비전만 보면 그런 눈을 갖기 힘들어요. 텔레비전에도 내면이 아름다운 사람이 나오지만 흔하지는 않거든요. 대체로 잘생기고 예쁜 사람들이 아이돌, 배우, 모델로 주목을 받습니다. 이 때문에 텔레비전에 빠지면 외모만 사랑하는 눈을 갖게 될 위험이 크지요.

SNS[2]에서도 비슷해요. 외모만 자랑하는 사람이 너무나 많아요. 책 읽는 어린이라야 외모와 함께 아름다운 마음도 눈에 보인답니다.

---

2. 페이스북, 인스타그램 같은 사회 관계망 서비스

📖 친구들을 미워하지 않고 이해할 수 있다

누구에게나 미워하는 사람이 한 명쯤은 있기 마련이에요. 엄마, 아빠, 선생님, 삼촌, 할머니 모두 똑같아요. 누군가를 미워한 경험이 다들 있습니다. 위인전에 나오는 테레사 수녀나 알베르트 슈바이처 박사도 다르지 않을 거예요. 미움이 싹트는 걸 막을 수 있는 사람은 세상에 거의 없거든요.

그러니까 어린이 여러분이 친구를 미워하더라도 그건 특수한 게 아니라 일반적인 거예요. 한두 사람에게만 일어나면 특수한 일이지만 모든 사람에게 똑같이 일어나면 일반적인 일이랍니다. 미움은 모두가 느끼는 평범한 감정이에요. 따라서 내 마음속에 미움이 생긴다고 너무 심각하게 걱정할 필요는 없어요.

그렇다고 마음껏 미워하라는 뜻은 결코 아닙니다. 미움이 생겨나면 빨리 지워야 해요. 어떻게 미움을 빨리 지울 수 있을까요? 이 두 가지만 기억하면 된답니다.

"누구나 단점이 있습니다."
"누구나 실수를 합니다."

누구도 완전하지 않으니까 단점이 있고 또 실수를 저지릅니다. 그러니 봐주고 이해해 주세요. 그렇게 다짐하면 남을 오래 미워하지 않고 빨리 용서할 수 있습니다.

반대로 남의 단점이나 실수를 인정하지 않으면 어떻게 될까요? 미움이 커지고 갈등이 생기죠. 동화를 읽어 보아도 알 수 있어요.

〈잠자는 숲속의 공주〉에는 파티에 초대받지 못한 요정이 나옵니다. 요정의 마음은 이해할 만해요. 따돌림당한 것 같은 기분에 화가 나겠죠. 자신을 초대 명단에서 빠뜨린 사람이 미울 수도 있어요.

그런데 누구나 실수를 합니다. 그렇게 이해하면 용서가 돼요. '실수로 나를 초대하지 않은 거니까 용서해 주겠다.'고 생각하면 좋았을 거예요.

하지만 그 속 좁은 요정은 사람들의 실수를 용서하지 않고 보복을 결심합니다. 공주가 물레 바늘에 찔려 죽게 저주를 내린 거예요.

미움을 다스리지 못했기 때문에 자신은 악명 높은 요정이 되었고, 다른 사람에게는 100년씩이나 잠자도록 피해를 입혔어요.

〈플랜더스의 개〉에는 주인공 네로를 미워하는 사람이

있어요. 바로 코제라는 아저씨예요. 그는 네로와 가까운 친구 알루아의 아버지인데, 화가를 꿈꾸는 네로를 게으름뱅이로 여긴답니다. 또 가난한 네로가 자기 딸과 친한 것도 싫어하고요.

코제 아저씨의 네로에 대한 미움은 날로 커져서 급기야 누명까지 씌웁니다. 마을에 불이 났는데 네로가 불을 질렀다고 모함한 사람이 바로 코제 아저씨예요. 누명 때문에 마을 사람들로부터 따돌림을 받게 된 네로는 성당에서 쓸쓸히 죽음을 맞이합니다.

그 슬픈 사건은 코제 아저씨의 미움에서 출발했어요. 설사 네로에게 모자라는 부분이 있었다고 해도, 누구에게나 단점이 있다고 생각하면 용서할 수 있습니다. 그러나 코제 아저씨는 네로에게만 심각한 단점이 있다고 믿고는 네로를 너무나 미워했어요. 그렇게 해서 네로가 세상을 떠나는 비극이 생기고 말았지요.

테레사 수녀나 알베르트 슈바이처 박사도 미운 사람이 있었을 거예요. 불쌍한 환자를 차별하거나 괴롭히는 사람들이라면 무척 미웠을 게 분명하죠. 하지만 마음이 넓은 그분들의 미움은 짧았다고 합니다. 금방 이해하고 용서하고 사랑으로 품어주었어요.

우리도 미움을 짧게 가져야 해요. 내게 실수하는 친구가 잠깐 미워지더라도 곧 마음을 풀고 이해해야 합니다. 누구나 실수하고 단점도 있으니까 용서하는 게 옳아요.

어린 공주의 생명을 위험하게 만든 속 좁은 요정이 되지는 말자고요. 착한 네로에게 누명을 씌운 코제 아저씨 같은 사람은 되지 말아야겠죠? 책을 읽고 나면 이렇게 착한 다짐을 하게 될 겁니다.

작가의 말

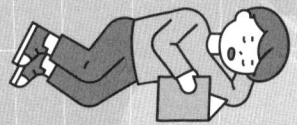

에필로그

옛날이야기를 하나 들려줄게요. 여러분이 이 세상에 없을 때의 일입니다. 그렇다고 호랑이가 담배 피우던 까마득한 옛날은 아니에요. 여러분의 엄마 아빠가 어렸을 때의 이야기입니다.

한 잘생긴 초등학생이 있었는데 책을 읽는 게 너무나 싫었어요. 엄마 아빠는 매일처럼 잔소리를 하거나 야단을 치셨어요. 뭐라고 하셨냐고요?

"너는 도대체 왜 책을 안 읽니?"
"책도 안 읽고 친구들이랑 놀기만 해서 나중에 뭐가 될래?"
"책을 읽어야 똑똑해져. 공부도 잘하고 좋은 대학에 갈 수 있어."
"책을 안 읽으면 어리석게 돼. 공부도 못하게 될 거야."
"너 어제도 책 안 읽었지? 오늘도 안 읽으면 정말로 혼난다. 알겠니?"

여러분도 많이 들어 본 말일 거예요. 독서 잔소리는 세

월이 수십 년 흘러도 변하지 않아요. 여러분이 엄마 아빠가 되는 미래에는 많이 달라질까요? 그러길 바랍니다.

 저런 잔소리와 야단에 시달렸던 그 옛날 잘생긴 초등학생은 마음이 어땠을까요? 당연히 기분이 좋을 수가 없었죠. 독서할 마음이 생기지도 않았어요. 하지만 성난 부모님 말씀을 거역할 수도 없으니까 책 읽는 시늉을 해야 했죠. 정신은 딴 데 두고 눈으로만 읽었어요. 그러니 책을 읽어도 이해가 안 되고 기억에 남는 것도 없는 게 당연했죠.

 그 초등학생은 책을 덮고 생각했어요.

 '왜 어른들은 어린이에게 강제로 책을 읽힐까? 이건 인권 침해 아닌가. 어린이의 자유를 이렇게 빼앗아도 되나?'

 생각할수록 원통한 마음은 커졌고 자기도 모르게 눈물을 쏟기도 했어요.

 그렇게 눈물을 흘리던 그 초등학생은 커서 어떤 사람이 되었을까요? 짐작해 보세요. 놀랍게도 책을 쓰는 사람이 되었답니다. 어른 책과 어린이책까지 스무 권 정도를 썼어요. 책 제목은 〈지겨운 공부 왜 해야 해?〉〈좀비, 괴물, 요정들의 문해력 파티〉〈엄마 아빠랑 마음이 통하는 대화법〉 등입니다.

 어릴 때는 책 읽기를 너무나 싫어했다가 커서는 책 쓰는 사람이 된 그 초등학생이 누구냐고요? 그래요. 바로 저의 이야기입니다. 잘생겼다는 허위 사실을 퍼뜨려서 죄송하고요.

초등학교 4학년 때쯤부터 저는 책을 좋아하게 되었어요. 책을 읽으니까 행복해졌어요. 〈피터 팬〉을 읽고 나면 자유를 잃어서 슬프고 답답했던 마음이 시원해지더라고요. 〈벌거벗은 임금님〉을 읽고는 참 어리석은 어른들도 세상에 많다고 생각하면서 혼자 낄낄 웃었어요. 〈미운 아기 오리〉도 좋았어요. 엄마가 저를 싫어하는 것 같거나 친구들이 저를 놀릴 때 생각이 많이 나던데요.

그렇게 어느 날부터 책이 저의 친구가 되었어요. 기분 좋게 해주고 웃음과 위로도 주는 고마운 친구였으니까 책을 좋아하지 않을 수 없었습니다. 책이 좋아서 책을 신나게 읽다 보니 어찌어찌하여 책 쓰는 사람이 되었네요.

누가 시켜서 책을 읽는 건 좋지 않아요. 야단이 무서워 책 읽는 척해 봤던 제가 누구보다 잘 알아요. 어린이 본인의 생각이 바뀌어야 진정한 독서가 가능해요. 진짜 독서를 해야 책과 친구가 될 거고요.

책이 얼마나 좋은 친구인지 말씀드리려고 이 책을 썼답니다. 책은 어린이를 괴롭히려고 태어나지 않았어요. 어린이를 행복하고 신나게 만드는 게 책의 타고난 사명이에요.

여러분! 친구들과 많이 뛰어노세요. 스마트폰이나 텔레비전을 안 보고 살 수는 없겠죠. 원하면 게임도 하고요.

다만 잊지 말아 주세요. 책은 여러분을 기다리고 있답니다. 어린이들을 더욱 기쁘게 하고, 훨씬 행복하게 만들고, 슬픔을 줄여 주기 위해서요. 부디 기억하세요. 책장의 책들이 여러분을 사랑한다는 걸요.

독서를 하면
어떤 좋은 일이 생길까?

2024년 4월 14일 초판 1쇄 펴냄

펴낸곳 | 꿈소담이
펴낸이 | 이준하
글 | 정재영
본문 편집·디자인 | 쏘울기획
책임미술 | 오민규

주소 | (우)02880 서울특별시 성북구 성북로5길 12 소담빌딩 302호
전화 | 747-8970
팩스 | 747-3238
등록번호 | 제6-473호(2002. 9. 3)

홈페이지 | www.dreamsodam.co.kr
북 카 페 | cafe.naver.com/sodambooks
전자우편 | isodam@dreamsodam.co.kr

ISBN 979-11-91134-44-5 73810

ⓒ 정재영 2024
- 책 가격은 뒤표지에 있습니다.
- 소담주니어는 꿈소담이의 어린이 도서 브랜드입니다.
- 꿈소담이의 좋은 책들은 어린이와 세상을 잇는 든든한 다리입니다.
- 잘못된 책은 구입하신 곳에서 교환해 드립니다.